閱讀教學領導：
讓閱讀成為孩子飛翔的翅膀

吳惠花◎著

五南圖書出版公司 印行

二十一世紀是知識社會的時代，閱讀力正是個人競爭力的核心關鍵，而國民閱讀素養正是國家教育競爭力的重要指標。

近年來，校長教學領導成為教育的改革重點。學校行政領導有其技術面，也有其規範面，學校行政領導不是簡易經費分配或人事管理而已，由於學校行政領導影響眾多學生福祉，必須要有深厚哲學素養。校長教學領導可以轉化校長從行政者的角色躍升為專業領導者。而校長閱讀教學領導是一個複合的教育名詞，強調落實學校閱讀教學並運用校長教學領導的歷程，提升教師閱讀教學專業能力，增進學生閱讀素養為目標。

當前12年國教特別強調核心素養的理念，重視教學與生活情境的結合，落實學生知情意的陶冶，以培養終身教育為目標。校長閱讀教學領導可說是扮演一個關鍵的角色，校長可以帶領教師推動各項閱讀教學創新，擴展閱讀教學的資源，不斷地加以深化深耕，奠定108課綱基石，建立校本課程的基礎。校長領導與教師教學都聚焦在學生閱讀能力的增進，目的在培養樂於讀書、樂於寫作與樂於思考的閱讀素養。

本書作者吳惠花校長，本身就是鑽研閱讀教學，親自參與共備觀議課程，推動閱讀教學與閱讀學校，卓越有成。惠花校長將博士論

文改寫成專書，探討閱讀教學領導內涵、要素、理論基礎、實施策略等，希望與同儕分享，產生知識，擴散能量，可謂是一位兼具理論與實踐的教師創業家。因此本人樂於推薦，以期擴大校長閱讀教學領導之功能。

國立東華大學花師教育學院院長

范熾文　謹序

　　當一位國小校長要推動閱讀教學，在我看來，「校園領導」是其關鍵。「領導」除了理性的考量校園外在條件與內在因素之外，校長的風格更左右著政策導向。

　　不同於他論，本著作中有個極大特色，便是著墨於「校長閱讀教學領導角色的覺知」。書中探討校長在推動閱讀之前，如何進行評估與規劃，而此面向包括：背景脈絡因素、投入要素、過程要素、產出成效和評鑑等五大層面，並強化校長正確評估情境的能力，以正確暸解學校閱讀教學領導現況與需求。所以，閱讀此書可以獲得以下重要內容：校長閱讀教學領導角色覺知，分配時間實施閱讀教學領導；加強校長在職進修，充實閱讀教學專業知能；鼓勵校長採取閱讀教學領導作為，營造學校閱讀教學發展有利條件；促進校長透過閱讀教學領導評鑑，評估閱讀教學領導效能；引導校長依實際需要，靈活運用閱讀教學領導模式；對照校長實際閱讀教學領導經驗，反映閱讀教學發展現況等各項針對校長的建議。

　　除此之外，本書也針對臺灣教育行政機關提出建議：支持學校推動閱讀教學領導，提振校長推動閱讀教學領導的意願；加強校長培育與在職訓練課程，落實校長閱讀教學領導理論與實務的整合；建立校長閱讀教學領導專業證照制度，確保校長閱讀教學領導品質；適度鬆綁法令，賦予學校組織結構較多彈性空間等建議，可以看出作者對此

領域理解透澈、洞察問題癥結，並有效給出具體建議。

　　這是質量兼具的一本好書，書中強調校長在校領導，需兼具內隱人格特質歸納的特質論，以及觀察外顯表現的行為論，同時應要具備應付情境而調整的權變，還要針對積習而生的轉型壓力，每一層面皆有其難處。難處必定存在，而惠花更細心地提供應該有其「檢視機制」──評鑑，隨時修正領導走向。

　　相信在今日受到資訊爆炸衝擊的教學領域，校長能營造出一處保留閱讀的天堂，帶領師生感動人心，讓全校糾合意志、融合眾智，以建構友善校園，發揮人性光輝的感動力領導，期許有志為此的領導者，在閱讀此著作後，擁有校園改變的契機力量。

國立臺北教育大學語文與創作學系教授

孫劍秋 謹序

閱讀領導，帶人也帶心

進入資訊快速、缺乏互信的時代，信任領導人而願意團隊合作已是珍稀的奢侈品。常言道：帶人帶心，吳惠花校長利用閱讀教學的領導模式，點燃學習校園的熱情，更讓團隊形成共識，讓教師教學品質提升、學生閱讀素養提升、家長參與正向積極。

這本書的價值在於校長透過閱讀教學領導模式之建構，找到領導親師生的訣竅，體現了校長與他人產生的互信感是人際間最強大的力量。透過閱讀的橋梁，擁有信任的媒介，領導將無往不利。

校長透過閱讀領導，強化辦學目標、組織文化、閱讀專業知能三者的鏈結性，閱讀領導提升校長與大部分人的關係，因為文字的力量，聚集一群志同道合的親師生，形成「信任族群」。在因為閱讀領導的創新思維，讓團隊內的成員，因為目標相同，容易穩步前進，更快達成學校願景。

閱讀領導實現了讀書、讀人、讀世界的理想，讓校園善於分工、各司其職，讓領導者透過閱讀不斷地學習，與時俱進地想像組織內的權力如何分布、如何看見他人的優勢、因人善任，順應每個人自身性格，開啓正面人際關係，而達到「人際技能」的修練。

原來，校長的閱讀領導只要能做好做足，就能改變校園無數實踐者，讓自己不只贏得人心，還能獲得校園領導的雙贏局面。若你能向吳惠花校長學習閱讀領導，未來，你也能成為領導新典範，管理好自己的團隊，帶領和引導團隊持續成長，締造一次又一次的工作佳績。

新北市立丹鳳高中圖書館主任

宋怡慧

作者序
PREFACE

　　寫作總在不斷自我掏空及補實中迴環復沓：在山重水複疑無路的困窘中，乍現柳暗花明又一村的笑顏；在學業和家庭中拉距；在和時間的爭戰中努力不已。但這一切都在淬煉中化為Adobe甘美的文學況味及滿心歡喜。

　　首先最要感謝的是東華大學教育學院院長范教授熾文對本文的悉心指導，囿於學力，寫作時每有困蹇窒礙，范教授總能適時排難解惑、補漏修正，惠我良多；再者要感謝孫教授劍秋對我的敦促與照顧，從碩士論文開始如沐春風地指導與啓發，並不時地加油打氣，是奠定我學術研究根基的重要來源。

　　另外，也感謝慈濟大學林教授清達、教育部前師資培育及藝術教育司張司長明文及吳教授新傑對本文的詳加指正及建議，我受益匪淺，也使文本更臻完善與嚴謹。您們諄諄教誨，讓我得以拓展視野，在此致予崇高的敬意和謝意。

　　閱讀教學領導模式，是一個動態循環的歷程，在此歷程中，需要考慮到的層面深廣：包括背景（Context）、內在環境及外在環境；各校有著各校不同先天與後天的條件，起始點便不同，而後再投入（Input）的包括校長理念、人力資源和資源經費，這將是本著作精彩之處，校長該有的理念，以及如何活用校內現有的人力資源、軟硬

體設備；閱讀領導的過程（Process）中，更要包括願景目標、策略作法及創新教學；最後，產出（Product）閱讀教學領導成效以營造優質閱讀空間、提升教師優質教學及培養學生閱讀素養，並予以評鑑作為回饋修正。

校長職務任重道遠，既要有正確的教育理念，也要有合宜的行政手腕，在這世事瞬息萬變的教育現場，領導者應因應策略、日新又新，不斷與時俱進才能游刃有餘。期待閱讀教學領導模式，讓閱讀成為孩子飛翔的翅膀，點亮孩子生命中的希望。

謹以此一成果及喜悅，與每一位關懷及幫助過我的人分享，感謝你們為我所付出的一切。

吳惠花

目 錄
CONTENTS

第1章

緒論

——發揮創意，從理解開始

本研究係針對國小校長閱讀教學領導模式建構進行探究，作為國民小學校長閱讀教學領導之參考，本章共分四節，旨在說明研究背景與動機、研究目的與問題、重要名詞釋義以及研究範圍與限制，茲分別陳述如下：

第一節　研究背景與動機

臺灣自1950年起經歷了勞力密集、資本密集、技術密集等經濟發展階段，目前已隨著世界潮流踏上知識密集的階段，而不同社會發展特性除了影響國家人力需求結構比例外，更進一步牽動教育政策的發展脈絡。在這個知識經濟的時代，教育是讓臺灣可以在國際舞臺上發光發熱，與其他國家一較高下的主要資產。而《說文解字》亦云：「教，上所施，下所效也；育，養子使作善也。」透過教育，人類展開學習；透過學習，人類不斷進步、成長，甚至最終達到Maslow所謂「自我實現」的境地。1996年聯合國教科文組織所出版的《學習：內在的財富》（*Learning: The Treasure Within*）一書中指出，個人必須學會追求新知、學會做事、學會共同生活及學會發揮自我潛能，以因應未來的生活。由此可見，終身學習是保持個人競爭力，甚至是國家競爭力的關鍵因素。聯合國教科文組織在1998年國際教育會議強調閱讀是一切學習的基礎，要學好所有的知識，必須要先喜愛閱讀。

誠如上述，一切知識均由閱讀開始，故世界各國紛紛投入大量資源在閱讀教育上，以提升國家人力素養及競爭力（張瓊元，2003）。世界各國為了使國家得以永續發展與提升國家競爭力，

莫不大力倡導與推動兒童閱讀（范熾文、黃榮隆，2008）。閱讀使人們可以在最短的時間內吸取別人的研究成果，也是唯一可以替代經驗使個體獲得知識的方法（洪蘭，2001）；閱讀是最實際的能力，它是所有學習的基礎，有閱讀能力的人，才有自己學習的能力（柯華葳，2008）。

香港政府在2000年的課程發展會議中，將「從閱讀到學習」列為課程發展的四大關鍵之首，希望學生都能從閱讀中學習，從閱讀中培養個人終身學習的習慣，提升國家的競爭力。美國2002年的簽署通過NCLB（No Child Left Behind）法案，提出「Reading First」，力倡大量閱讀；臺灣則在近年來體認閱讀教育的重要性，所以歷年來教育部規劃一系列的閱讀計畫，2001-2003年推動「全國兒童閱讀計畫」；2004年起針對弱勢地區國小推動「焦點三百國小兒童閱讀計畫」；2006年起推動偏遠地區國中閱讀推廣計畫；2007年度挹注一億元逐年購買圖書，全面性充實全國國中小閱讀環境；2008年起推動「國民中小學閱讀五年中程計畫」，並規劃五項主軸，分別是精進閱讀、調整增加閱讀時間、充實國中小圖書設備、鼓勵學校及幼兒園推動家庭閱讀，以及社會各界資源整合提升閱讀風氣，全面提升學生閱讀力。

在國際間，有兩項大型「閱讀素養」相關的評比，一是經濟合作暨發展組織（OECD）主辦的「學生基礎素養國際研究計畫」（Programme for International Student Assessment, PISA），自2000年起，每三年針對十五歲學生的閱讀、自然科學、數學能力作比較；另一是由國際教育成就評鑑協會（International Association for the Evaluation of Educational Achievement, IEA）所主辦的「促進國際閱讀素養研究」（Progress in International Reading Literacy Study, PIRLS），自2001年起，每五年一次針對國小四年級學生

的閱讀進行國際性評量。PISA所謂的「閱讀素養」是指理解、運用、反思文章內容，實現個人目標，增進知識並發揮潛能以參與複雜社會運作的能力（OECD, 2010）；而PIRLS的「閱讀素養」則包含以下五個重點：1.學生能夠理解並運用書寫語言的能力；2.能從各式各樣文章中建構出意義；3.能從閱讀中學習；4.參與學校及生活中閱讀社群的活動；5.在閱讀當中可獲得樂趣。無論是哪一項評比，對於學生運用閱讀所得資訊於真實情境中的能力都相當重視，因為這項能力攸關學生未來是否能有效參與社會生活，同時也影響國家競爭力，而透過閱讀教學將有助於學生發展這項能力，由此可見閱讀教育對個體與國家發展的重要性。

臺灣自2006年加入PISA，當時的閱讀表現在57個國家排名第16（林煥祥等，2008），成績雖優於OECD國家的平均值，卻輸給同樣位於亞洲且排名第1的韓國、第3的香港、第15的日本，而在2009年的PISA評比結果中，省思與評鑑能力仍是臺灣學生需要加強的部分，雖然在高分組的人數增加了，但是落於低分組的人數不減反增（OECD, 2010）。另根據「促進國際閱讀素養研究（Progress in International Reading Literacy Study）」（簡稱PIRLS）於2007年11月公布的調查報告指出，臺灣在45個受測的地區中，整體排名第22，而臺灣學生每天課外閱讀的比率甚至排名最後，遠低於國際平均值。這樣的結果顯示臺灣若要讓學生的閱讀表現有長足的進展，我們的閱讀教育仍有努力的空間。

2011年臺灣在PIRLS躍升為世界第9名，閱讀表現有整體成長趨勢，臺灣學生在高分群人數，有明顯地增長，低分群人數也顯著下降。雖然，我國在PIRLS的成績大有斬獲，但是兩項調查都顯示出，學生對於閱讀素養的存有正向態度偏低，自信心不足、城鄉差距等問題。至2015年PISA閱讀總平均排名為第23名，雖高於OECD

的平均值，但卻落後於亞洲的新加坡、日本與韓國，在72個參與計畫的國家或經濟體當中，閱讀素養卻從2012第8名倒退至23名，退回七年前2009年的水準，說明我國在閱讀領域上，其閱讀教育相關課程教學推廣，以及校長領導學校的閱讀教學作為值得深思。

我國閱讀教育的發展與省思

　　回顧臺灣推行閱讀教育的歷史始於1940年代，1941到1961年的臺灣「國語課程綱要」中，針對閱讀教育的部分僅著墨於閱讀教材的編選和組織（教育部，1948；教育部，1952）；到了1962年，當時不但將「推薦兒童閱讀優良課外讀物」納入課程標準，1993年的「國語科課程標準」中，更具體列出國小學童課外閱讀及圖書館利用等指導原則（教育部，1993）；到了1998年，九年一貫課程綱要已明列語文教學以閱讀為首要核心（教育部，1998）；而在2000年時，時任教育部長的曾志朗先生提出「全國兒童閱讀實施計畫」，並成立兒童閱讀計畫諮詢委員會，規劃相關政策，至此各項閱讀推廣活動逐漸展開（教育部，2000）。教育部在2004年則進一步提出為期四年的「焦點300——國民小學兒童閱讀推動計畫」（教育部，2004），又自2007年起推動「國民中小學閱讀五年中程計畫」（教育部，2007），希望提升學生閱讀能力及興趣。自2008年更推動「悅讀101——全國國中小提升閱讀計畫」，將閱讀政策重點放在精進閱讀教學與增加國中小閱讀課程時數，將閱讀工作扎根於學校教學課程中（教育部，2008）。由上述我國閱讀教育發展的脈絡看來，閱讀教育的精神已從制式化的閱讀演變至生活化的閱讀。

　　賓靜蓀（2010）指出臺灣的教育目標強調精熟與反覆練習、

追求標準答案，但是真正的教育該培養的是下一代具備搜尋、綜合整理資訊及正確解讀、判斷資訊、思考、表述觀點和意見的能力，雖然許多教師也認同上述能力對學生的重要性，這些能力也都能透過閱讀教育慢慢培養，但卻因為考試領導教學的風氣，迫使教師不得不轉移目標至幫助學生精熟字的形音義或是文章體裁，以順利通過測驗，因此臺灣的學生雖然可以進行一般性的文章閱讀，簡單問題的釐清，但普遍缺乏反思和批判的能力。這一點由2009年臺灣PISA閱讀成績中，省思與評鑑能力的分數（493分）分別低於擷取與檢索（496分）、統整與解釋（499分）這兩項能力的分數可得知（OECD, 2010）。

另一方面，同樣位於亞洲的香港於2000年進行語文課程大改革，大幅提升學生的語文能力；上海的課程課綱改革，高年級的課程較少著重低年級所強調的形音義等記憶性的資訊，而改成直接提供各種開放性的提問，試圖轉移教師教學的重點（賓靜蓀，2010）。而這兩個地區在2009年PISA的閱讀評比中都有相當出色的表現，讓許多關心閱讀教育的家長與老師更加質疑臺灣閱讀教育政策方向的正確性。如何讓學生享受閱讀的樂趣？建立閱讀的習慣？提升學生閱讀能力？讓閱讀教育更為落實和更具成效，此為本研究動機之一。

體認學校校長為推動閱讀教育的關鍵

目前臺灣已全面進入十二年國教啟動的新世代，從教育垂直系統來看十二年國教的推動，不管是國小特色化趨勢、國中端五育均衡優質發展、高中端優質多元學習均呈現環環相扣的趨勢，其中閱讀教育為所有學習的基礎，閱讀能跨越、整合學習領域，閱讀能

力越強，未來學業成績越好，越有能力蒐集、理解、判斷資訊，有效運用於生活中。當論及閱讀教育該如何推行，教育單位很難制訂一個令大家都滿意的政策，但教育政策與相關活動推行成功與否，校長的角色可謂舉足輕重，西諺有云：「有怎樣的校長，就有怎樣的學校」（As is the principal, so is the school.）。Portin（2004）指出校長不一定要是各領域的專家，但必須要是專業的「診斷者」，隨時察覺學校的需要並在正確的時空背景提供支援。吳春慧（2012）提出校長採取權變領導，以發展與溝通校內閱讀目標，直接或間接進行閱讀教學領導，是閱讀教學領導成功的主因。楊士瑩（2011）說明校長作為「領頭羊」應帶領全校師生參與閱讀，對內提升教師專業、決策各項計畫，對外爭取閱讀資源、尋求家長協助，另有相關研究發現，學校閱讀環境設備待加強者，在閱讀環境有專案補助的情形下有所改善；但政府挹注的經費並不穩定，如何有效結合校外資源來解決校內資源不足是一大重點。最大問題在於人力、物力及財力不足。校長如何運籌帷幄，對內鼓勵帶動閱讀氣氛，對外宣傳招攬相關資金，乃校長領導的重要議題。

此外，涂秋英（2008）更指出校長是學校的靈魂人物，也是學校發展的領航者，負有教育成敗的重責大任，其研究中認為成功的閱讀教育除了需要站在第一線的教師認真教學外，校長是否能充分運用團隊領導的策略、建立閱讀教學願景並以身作則，更是成功與否的關鍵。在臺灣博碩士論文知識加值系統中搜尋以「閱讀」之相關文獻，發現大都以閱讀教學策略、閱讀理解策略、閱讀理解過程、閱讀行為、閱讀環境或閱讀動機等議題為主，忽略了校長在學校推動閱讀教育時所扮演角色的重要性，再者，校長帶領學校同仁推動閱讀教育可能會運用不同的領導策略，陳美言（1998）研究結果指出，校長教學領導與教師教學自我效能呈正相關，另有

相關研究則顯示校長教學領導對學生學習成就方面具有相當影響力（Kim, 1988），既然校長為學校推動閱讀教育的核心人物，換言之，學校閱讀教育的展現，與校長秉持的理念是什麼？校長的領導作為是什麼？推動之效果又如何？這些都頗值得探究。

參 建構校長閱讀教學領導實務的可行性

校長既是學校的靈魂人物，對於學校氣氛、教學品質、教育成就有著決定性的影響力（秦夢群，1999；謝傳崇，2010）。其有效的領導更是學校取得成功的關鍵與保證（林明地，2005；Kral, 2012; Muijs, Harris, Lumby, Morrison, & Sood, 2006）。林清江（1988）指出：「教育的進步得之於學校，而學校要進步，最主要的動力並不是教育行政單位，而是學校本身。學校想要辦好，其最具關鍵性的人物不是學生，也不是老師，而是校長。」就我國法令上的相關規定，校長理應負起教學領導的權責，根據中華民國97年10月15日臺參字第0970195118C號令修正發布的「公立高級中等以下學校校長成績考核辦法」，第五條列出「領導教職員改進教學之能力」為考核項目之一。因此，校長有權責要領導學校教師提升教學品質，促進教師專業成長。

教育部於2000年頒訂「全國兒童閱讀運動實施計畫」，就期望透過學校、家庭、社會三方面在兒童閱讀的共同合作，提升人文素養，並培育新世紀所需具備的人才；最終引導學生學習閱讀、喜愛閱讀、自動閱讀，能靠閱讀建構終身學習。而教育政策的發展執行，身為學校校長更是責無旁貸。

鄭玟玟（2015）提到學校是教育的場所，校長如能領導閱讀教學，開發校園閱讀風氣，扮演領導閱讀教學的角色，學生除了可

藉由閱讀獲取知識、促進學習與成長外，並可透過閱讀獲得興趣，豐富生活，並塑造一個理想的閱讀校園。校長是學校首席教師兼行政主管，校長之領導閱讀教學理念及能力，都會直接或間接影響學校效能、教師教學品質及學生學習成效。

而就學校組織而言，面臨九年一貫課程的實施，以及相繼而來的十二年國民教育之改革，並深受新世紀管理思維的洗禮。在不斷的衝擊中，學校必須不斷進行創新（innovation），才能因應不斷接續而來的挑戰。國小校長是學校教育的領導者，對有效教學的樣貌應建立清楚的概念，與校內教師密切合作，引導教師實施有效的教學。

校長角色已被重新期望與規範，校長需由行政管理者的角色轉化成教育領導者（林新發、林上渝，2004），兼具管理者與領導者的角色，校長的領導能改善其所領導的組織效能，並透過管理系統的建立、支持性工作環境的營造，以改善組織未來的表現，達成組織的目標。據此可知，閱讀教學領導者對於組織中的閱讀教學推動、分享與創造，扮演著關鍵的角色，其重要性不言可喻。

當瞭解和體認校長不再只是行使指揮和監督的權威，而是對於未來的遠景有共識和承諾提供有利的學校閱讀文化、有效的激勵制度和良好的學習環境。據此，如果能建構校長閱讀教學領導模式，提供教育界參考，以提升教師教學專業知能和學生學習成效，最後達成學校教育目標，是本研究動機之一。

肆、國內外校長閱讀教學領導之理論內涵整合分析及相關研究尚不多見

由前論述可知，現今無論世界教育的走向或未來人才培育的重

點，閱讀教育均占有重要的分量，近幾年與閱讀教育相關之研究主題更因PISA和PIRLS兩項國際型能力評比而逐漸受人重視，所以，有關「閱讀」為論文的相關研究，多以閱讀教學策略、閱讀理解策略、閱讀理解過程、閱讀行為、閱讀環境或閱讀動機為題，較少以校長閱讀教學領導為探究方向。然校長為學校推動閱讀教育核心的人物，為能深入研究此主題，研究者以「閱讀教學領導」為關鍵字在臺灣博碩士論文知識加值系統中搜尋相關文獻，呈現「校長閱讀教學領導」為論文的在2005年以前為1篇（〈國小校長閱讀教學領導之研究——以青青國小為例〉），至2011年後至目前為止有3篇（〈嘉義縣非典型弱勢地區國民小學校長閱讀教學領導之研究〉、〈閱讀教學的推手——以四位校長閱讀教學領導為例〉、〈新北市國民小學校長運用教學領導推動閱讀教育之研究〉）；以課程領導推動閱讀教學有2篇（〈國小教務主任課程領導之行動研究：以推動閱讀教學為例〉、〈國小校長課程領導之研究——以品格教育結合閱讀教育為例〉），以教學領導推動閱讀教學的有1篇（〈一個國小校長進行教學領導之自我角色覺察——以推動閱讀教學為例〉）；另外，校長推動以閱讀為特色、閱讀活動或提升閱讀動機的相關期刊只有15篇。事實上，現在閱讀教學普遍是校長辦學之重點，而校長又扮演著教學領導之角色，如何建構適切的閱讀教學領導模式，值得探究。

綜上觀之，國內外對於國民小學校長閱讀教學領導的研究，實證性研究甚少，所以校長閱讀教學領導理論仍在發展之中，其主要的意義與重要概念立論基礎為何？有待進一步研究，才能釐清其精髓之所在。至於校長閱讀教學領導應該包括哪些層面和內涵，目前亦無定論，是否因文化背景和社會脈絡有所差異？是否因投入要素不同有所影響？其領導過程的策略作為亦無實證研究支持，實應進

一步研究，才能有效發展適合國內情境的國民小學校長閱讀教學領導之層面及內涵。

　　若能依據相關文獻和實證研究，發展國民小學校長閱讀教學領導的主要層面和內涵，並透過專家學者和實務工作者的意見，加以整理、歸納、分析、綜合，建構一套國民小學校長閱讀教學領導的模式，深信有助於閱讀教學領導在國民小學的推動。因此，更加深研究者欲探討此一主題的動機。

第二節　研究目的與問題

　　本節基於前述研究背景與動機，茲將研究目的與研究問題說明如下：

 研究目的

　　基於上述研究動機，本研究目的主要有三，茲說明如下：

一、探究國民小學校長閱讀教學領導模式之意義與內涵。

二、建構適合國內情境的國民小學校長閱讀教學領導模式。

三、根據建構之模式，提出相關建議，作為國民小學校長閱讀教學領導之參考。

貳　研究問題

　　根據上述研究動機與目的，本研究進一步提出研究的待答問題

如下：

一、國民小學校長閱讀教學領導模式之內涵爲何？

二、適合國內情境的國民小學校長閱讀教學領導模式爲何？

　　（一）國民小學校長閱讀教學領導模式之主要架構爲何？

　　（二）國民小學校長閱讀教學領導模式之各層面的關係爲何？

 **第三節　重要名詞釋義**

本研究所使用的重要名詞有二，茲敘述如下：

 校長閱讀教學領導

係指校長能夠與親師生共塑學校閱讀教育之願景、建立良好的組織結構、規劃適切閱讀教學之課程、營造優質閱讀氛圍，以提升閱讀教學品質及涵養閱讀素養的過程及行爲。

 閱讀教學領導模式

本研究所發展的閱讀教學領導模式，是一個動態循環的歷程，在此歷程中，包括背景（Context）包括內在環境及外在環境；投入（Input）包括校長理念、人力資源和資源經費；過程（Process）包括願景目標、策略作法及創新教學；產出（Product）閱讀教學領導成效以營造優質閱讀空間、提升教師優質教學及培養學生閱讀素養，並予以評鑑作爲回饋修正。分別就這些向度之彼此相互

的關係，建構本研究的閱讀教學領導模式，並分別就其各向度的第一個英文字，形成本研究的「CIPP」模式，最後再以評鑑（Evaluation）反思背景、投入、過程及產出。

第四節 研究範圍與限制

本節旨在說明本研究的範圍及可能限制，期望能在研究者能力所及之內，顧及研究的明確性、可行性、嚴謹性，茲將本研究的研究範圍與限制說明如下：

壹 研究範圍

本研究以臺灣國民小學校長閱讀教學領導模式為研究範圍。就研究地區來說，是指臺灣地區獲得閱讀磐石學校的公立國民小學；就研究對象來說，模式建構包括學者專家、學校校長、學校教師、教育行政人員、家長代表等，而實徵分析包括國小現職教師；就研究內容來說，本研究主要為國民小學校長閱讀教學領導模式建構探究，而行政策略必須透過教學才能顯現成效，故本研究雖從行政觀點出發，但仍討論教學領導運用在教學層面上相應的行政作為，而教師閱讀教學方法或學生閱讀理解學習之相關教學實務，則不列入討論。另一方面，本研究探討國民小學校長閱讀教學領導之理念與具體作為，研究個案對象以曾獲得教育部閱讀磐石學校者為限。其次，教學領導相關理論之研究重點各有不同，本研究以探討共塑學校願景、管理課程與教學、提升教學效能、激勵學生學習、發展支

持環境五大構面之策略爲主，其餘如教學評鑑、學校整體效能等層面則不列入討論範圍。

研究限制

一、資料蒐集限制

本研究所蒐集之閱讀教學領導相關文獻，僅限於英語系國家，未能蒐集到法國、德國、日本等先進國家之文獻，實爲美中不足的地方。

二、研究對象限制

本研究雖然針對閱讀教學領導之學者專家、學校行政人員、教師和家長等人員進行意見徵詢，但因研究者之時間與經費有限，採用立意取樣作爲研究對象進行，實難避免遺珠之憾，此乃研究對象上之限制。

三、研究內容限制

本研究乃針對我國國小校長閱讀教學領導模式之建構，屬於臺灣本地之建構論述，研究內容探討範圍與研究成果推論均受限於教育階段、地區等因素，此乃本研究之研究內容限制。

第2章

閱讀教學領導含義

—— 深耕閱讀、追尋之旅

本研究首先蒐集國內外相關閱讀教學領導的文獻，加以整理歸納分析，以作為「國民小學校長閱讀教學領導模式」建構之基礎。本章共分三節，第一節為閱讀教學領導的意義；第二節為閱讀教學領導的角色及範圍；第三節為閱讀教學領導行為。

第一節　閱讀教學領導的意義

有關閱讀教學領導的意義與性質，事實上仍然相當分歧，有人會問這跟教學領導有何不同？又與課程領導有何不同？會不會又是一流行名詞？實際上教學領導、閱讀教學領導、課程領導或許會有重疊相通之處，即都在有效促進組織效能，達成組織目標，而其共同的組織目標，就是在提升教師效能與學生學習品質。只是教學領導、課程領導較少將焦點聚焦於閱讀教學上。因此，這些領導行為對於整體學校發展而言都很重要，只是重點不同而已，本節就閱讀的重要性、教學領導的意義、閱讀教學領導的定義論述之。

壹　閱讀的重要性

基本上，閱讀是一個相當複雜的概念，並非每個人對於「閱讀是什麼？」或「閱讀發展與實施該包含什麼內容？」皆能有共識。關於閱讀的意義，各家學者有不同的看法，Smith（1994）表示閱讀是對書面文字有意義的瞭解，更是一種啟發創造力的活動；Nagy（1997）認為閱讀是一種瞭解世界的方法，它是隨文字發明而產生的活動，人類有了文字，就有閱讀，閱讀能突破時間及空間

的限制，為人類之知識及經驗再次驗證分享（李美月，2003）。閱讀使人們可以在最短的時間內吸取別人研究的成果，也是唯一可以替代經驗，使個體獲得知識的方法（洪蘭，2001）。閱讀更能夠跨越城鄉差距，提供不同地區的學生認識外在世界的多元管道，提升個人的生活品質。在認同閱讀的價值時，我們也要明白，只有閱讀的「行為」，並不必然表示能發展出「閱讀能力」。

由於世界已進入知識世紀，一切的競爭與價值均和知識息息相關，而一切知識的基礎都源自閱讀！大力推動閱讀的前教育部長曾志朗指出：「閱讀是教育的靈魂」。自小養成閱讀習慣，相當於一生都能擁有智慧。閱讀行為一直被視為是人類社會化的重要行為表徵，人類透過圖文的閱讀，溝通、吸收和傳承經驗，進而累積經驗以適應生活；陳麗雲（2007）指出閱讀習慣的培養應及早開始，兒童在國小三年級結束前，如果還不具備基本閱讀能力，未來在學習其他學科時都會碰到困難；加上近代的教育制度以教授書本知識為主，更使中西方學者對於閱讀抱持著正面且支持的看法（林美鐘，2001）。整體而言，閱讀不僅是思想傳遞的工具，也是促進身心發展的重要媒介，其重要價值主要包括（張瓊元，2003；塗絲佳，2004；梁滿修，2004；柯華葳，2008；高郡韓，2011）：

一、培養正向人格，挫折容忍力

書本是人生的縮影，人與人之間的互動關係，不同的個性與想法，所有問題的發生與解決都反映其中，所以透過閱讀可認識世界、詮釋生活；此外，由不同人物之想法觀照自己，得以塑造積極人生觀，經常閱讀者，其人際關係往往較和諧，社會適應力亦較佳。

二、活化腦部神經，激發創造力

閱讀是一種主動的訊息處理歷程，眼睛接收文字訊息後，由神經傳導至大腦，並搜索腦中相關知識，若遇到語意不明或是多種字義之詞彙，大腦會依循文意脈絡解讀真正含義，所以，閱讀過程中腦部會不斷進行分析，換言之，閱讀能刺激大腦深層發展，讓神經纖維更敏銳。

三、累積知識資產，提升競爭力

知識獲取管道形式多元，其中閱讀為最省力有效之途徑，能突破時空限制，將數千年來人類文明的精華濃縮呈現，所以透過廣泛閱讀，有助於吸收他人智慧、豐富個人知識涵養，而且知識累積愈多，環境訊息接收、問題分析處理、思考理解能力也將愈強。在知識經濟環境下，閱讀與國家競爭力之關係亦密不可分，經濟合作與發展組織（OECD, 2010）指出國民閱讀水準高低深刻影響國家經濟表現和社會發展。

綜合上述，閱讀有助於兒童腦力的開發、語言能力的發展，更能啟發想像力和創造力，甚至可以內化個人認知，整理出完備的知識。兒童透過閱讀不僅能夠學到正確的知識與經驗，並能從書中學習積極正確的人生觀，因此培養兒童閱讀興趣、習慣，並讓兒童透過閱讀活動進行自我學習，才能合乎新世紀之要求，更是國民素質及國家知識文化力量提升的關鍵。

 教學領導的意義

有關教學領導的意義，許多專家學者做了相關的詮釋。

　　楊振昇（1999）認爲教學領導的概念，強調每一個體均爲組織中重要的一員，人人都應爲組織的發展與進步主動貢獻心力。

　　而Murphy等人（1985）認爲教學領導應包括制定和溝通目標、建立學生學習期望和成就標準、協調學校的課程、視導和評鑑教師教學、提升學生學習機會和教師專業成長等項目。

　　因此，歸納相關文獻，教學領導的含義可分別從「狹義」及「廣義」兩個層面加以探討（Sheppard, 1993）。

　　所謂的教學領導，就狹義而言，係指校長個人所從事與教師教學、或與學生學習有直接關係的行爲或活動而言（Edmonds, 1979；Firestone & Harriott, 1982）。從Edmonds（1979）強調一位稱職的教學領導者，必須花費大部分的時間在教室觀察教師的教學，並提供適當的建議，以幫助教師提升教學品質。但Murphy（1988）認爲這樣的界定，低估了其他行政活動的價值，只有透過相關行政做法的配合，比只是觀察教學更有效。Dwyer（1986）也指出，教學領導容易造成對校長角色的混淆，教學領導不只是指與教學直接有關的行爲，組織的背景與特性也會直接或間接地影響到校長的教學領導。

　　就廣義而言，則包括所有能協助教師教學與學生學習的相關活動或作法（楊振昇，1998）。例如，De Bevoise（1984）提出教學領導係指學校校長爲了提高教師的教學品質與學生的學習效果，由校長本身或授權他人、或由其他相關人員從事與學校教學相關之各項改進措施。這些措施包括擬訂學校發展的目標、提供教師教學與學生學習所需的資源、視導與評量教師的教學、妥善規劃教師進修的課程，以及營造校長與教師間或教師與教師間和諧、互助的關係等等。其次，McEwan（1998）曾指出有效教學領導的七項步驟，包括：建立與執行教學目標、與同仁在一起、創造引導學習的學校

文化與氣氛、溝通學校的願景與任務、為同仁擬定高度的期許、培養教師的領導者、對學生、同仁與家長維持正向的態度。而林明地（1999）在學校實際觀察中，發現學校成員所知覺的校長教學領導具有以下六項目的，分別是：提升教學品質、掌握教師的教學情形、展現關心、協助處理突發狀況、瞭解學生的素質與表現，以及給予教師壓力，以維護學生受教權。

綜合上述，由於狹義的教學領導，忽略了相關行政活動的價值，並局限了教學領導的功能，故廣義的教學領導較能為多數學者所接受，而本文中也採取強調以較多元的角度來界定教學領導，例如學校校長可透過直接或間接的領導行為，來制訂與溝通學校目標、建立學生的學習期望、協調學校課程、觀察教師教學、增進學生學習機會，以及提升教師專業成長。

 閱讀教學領導的定義

為瞭解閱讀教學領導的意義，茲將學者及相關研究對閱讀教學領導所做的定義分述如下：

一、吳淑芳（2004）指出，校長能推動閱讀教學行動，除能協助教師建構閱讀理解教學的情境；也能覺察校長自我角色，體會校長角色的多元性和變動性，以及修正自己，帶來角色轉變的可能。並從推動閱讀教學的省思與專業成長歷程中，體會校長在教學領導角色轉換上要更具彈性，才能凝聚共識，一起以培養孩子成為終身學習者而努力。

二、藍美玉（2006）說明校長閱讀教學初期的實際領導作為是發展閱讀教學目標，也就是要先有治校理念，發展閱讀融入教育目標與願景，訂定學校閱讀總體課程，讓學校成員具有目標與

方向，確實參與閱讀教學工作，並帶動教師專業成長，給予教師學習的機會，以獲得新知識並發展技巧。

三、涂秋英（2008）認為校長須具備高專業，鼓勵創新教學；高倡導，尊重教師專業；高服務，以師生為中心；高目標，強力推動轉型。校長以身作則，帶頭示範激勵成員；高出現率，隨時吸收最新的圖書資訊，並將這些知識運用在設計閱讀教學方案中。

四、鄧麗娟（2011）認為校長的支持與重視會引發推動小組的工作熱忱，自然正面地引起活動執行的態度。校長的尊重信任與充分授權，在會議中顯現對閱讀教學的重視，將激發教師對閱讀教學的信念與熱忱。

五、吳春慧（2012）指出，校長閱讀教學領導即是校長與學校成員以學校願景為基礎，發展閱讀教學目標，校長除要能提供閱讀教學資源外，建構閱讀環境氛圍，讓教師能發展閱讀教學課程，帶動教師閱讀教學專業成長，設計創意教學活動，落實班級閱讀教學，以提供學生參與有意義的閱讀活動，並針對閱讀教學相關活動進行評鑑與改善。

六、張思萍（2012）認為校長運用教學領導推動閱讀教育，學校教育目標具有指引推動計畫方向的功能，建立明確的閱讀教育目標為校長推動閱讀教育的首要任務。

七、鄭玟玟（2015）研究指出，欲提升學校創新經營成效，校長閱讀教學領導具有影響力。校長在校務經營時，若能發揮領導力於閱讀教學，與學校內部人員，包含各處室、教師等，及學校外部人員，包含家長、社區人士、民間團體等，建立良好關係，形成相互支持的系統，營造和諧民主的團隊氣氛，達成閱讀教育願景的共識，為共同閱讀教育目標努力；並善用資源打

造適性閱讀環境，為學校創造閱讀教育永續經營的學校特色，藉以提升教師閱讀教育課程及教學能力；及增進學生閱讀教育學習之效能，藉以符應學校管理創新、課程教學創新、資源運用創新、學校特色創新等，以達到學校創新經營之境地。

綜合上述，閱讀教學領導的定義，就狹義而言，在閱讀教學領導的作為中可以局限在直接對閱讀教學的設計、發展、改進、實施和評鑑的引導。就廣義而言，校長在校務經營時，要與學校內部人員，包含各處室、教師等，及學校外部人員，包含家長、社區人士、民間團體等，建構相互支持的系統，營造閱讀教育願景的共識，共同為閱讀教育目標努力；並善用資源打造適性閱讀環境，建構閱讀教育經營特色，以提升教師閱讀教育能力，及增進學生閱讀學習能力。而本文中閱讀教學領導的強調以較廣義的角度來界定閱讀教學領導意義，歸納整理如下：校長擬定閱讀教育願景，規劃閱讀特色課程，並增進教師閱讀教學知能，以誘發學生閱讀動機，進一步爭取相關資源，最終目的即在提升學生閱讀素養。

第二節　閱讀教學領導的角色及範圍

為了更具體釐清閱讀教學領導的內涵，以獲得概括性的瞭解，進而討論校長閱讀教學領導的角色與範圍，以下將從領導角色及範圍來加以論述。

就閱讀教學領導的角色而言

在學校層級閱讀教學領導者該由誰來擔任？不同的學者有不同的觀點。首先，有的學者主張由校長來擔任主要的閱讀領導者，並強調校長以行動協助教師建構閱讀理解教學的情境、整合校內外資源，建構推動閱讀的物理環境；建構專業對話機制，提升教師閱讀教學反思能力；鼓勵教師自編教材文本，進行閱讀理解策略教導；協助教師應用閱讀理解策略教導，並建構教師純熟的教學技巧，是建構閱讀教學的必要條件（楊振昇，1999、李宜芳，2003、吳春慧，2012、吳淑芳，2004）。

其次，有些學者則主張，閱讀教學領導應由家長、教師、行政人員、社區人士和教學相關人員共同參與。例如，De Bevoise（1984）即指出，教學領導係指學校校長為了提高教師的教學品質與學生的學習效果，而由校長本身或授權他人或由其他相關人員從事與學校教學相關之各項改進措施。這些措施包括擬訂學校發展的目標，提供教師教學與學生學習所需的資源、視導與評量教師的教學、妥善規劃教師進修的課程，以及營造校長與教師間或教師與教師間和諧互助的關係等等。

林明地（2008）說明，校長是一所學校的領導者，同時扮演著行政管理者、文化領導者、教師專業社群的一員，以及校長個人的角色。近年提倡「學習型組織」學校運作著重在行政與教學兩大層面，二者相輔相成。校長身為經營者，更應以身作則，主動學習，扮演「教學領導」角色，為教育注入源頭活水。吳政達（2005）說明校長發揮教學領導除應扮演資源「供給者」角色，並協助教師肩負起領導任務的「專業者」角色，同時讓學生成為能主動負起責任的「工作者」，而家長也變成學校的「夥伴者」。

因此，Smith和Andrews（1989）提到校長從事教學領導時，
應扮演以下四種角色：

一、校長是資源提供者（the principal as resource provider）：
指校長能提供、運用與分配學校及社區資源，以達成學校發展
目標。例如，校長能深入瞭解個別教師的長處與短處，並使其
得以發揮所長。

二、校長是教學的資源（the principal as instructional resource）：
指校長能主動、積極地投入心力於改善教學品質，提升學習效
果。例如，校長能在觀察教師教學之後，針對其優缺點進行討
論。

三、校長是溝通者（the principal as communicator）：
指校長能運用各種方式或管道，使學校師生及社區人士能瞭解
學校各項活動與措施。例如，校長能利用各項會議，與教師討
論學校發展目標。

四、校長是可見的存在者（the principal as visible presence）：
指校長能經常出現在校園或教室中，例如，校長能主動利用下
課或其他休息時間，與教師和學生交談。

1966年美國Coleman報告書的出現，帶動對學校效能及教學視
導等研究（Bankston, 1993）。其中以「有效學校運動」（Effec-
tive School Movement）強調校長「教學領導」的角色與功能。其
特色如下：校長能擬訂學校明確的發展目標；能主動積極參與課程
與教學的相關活動，對於教師的教學與學生的學習有高度的期望，
能展現高度的行政領導與教學知能。因此，校長不再是傳統的行政
管理者，而同時為積極的教學領導者（楊振昇，1999）。

從Fullan（2002）對「學校潛力」（school capacity）的分析
可知，學校潛力是由「個別教師的知識、技能和素質」、「教師間

的專業學習社群」、「課程的連貫性」、「技術資源」、「校長領導」等五個要素所構成,而校長的領導與角色是前四項要素的成因。

綜合以上所述,校長基於個人教育理念、專業素養,以直接或間接的指導措施,致力於發展學校願景與目標、確保課程與教學品質、促進教師專業成長、提升學生學習成效、發展支持工作環境等,以期提高學校辦學之品質,達成教學目標與學習指標的動態歷程。足以顯示校長透過「教學領導」促使教師專業發展與成長,並藉由「教學領導」知能協助校長建立其專業領導地位,負責學校教育的整體表現績效。

由此可知,校長是學校的主要領導者,居於領導的地位(Fullan, 1992;Macmillan, 2000)。因而即使校長工作繁重,但並非每所學校皆有負責課程與教學的副校長之編制,所以,校長應責無旁貸成為學校中主要的閱讀教學領導者。此外,即使校長並非各個學習領域的專家、並非實際的教學者,但也應引導不同學習領域的專業成員或實際從事教學的教師,有效規劃教學計畫、實施和評鑑,提供必要的支持與資源,所以校長理應成為主要的教學領導者。只是學校中雖然大家期望校長應提供教學領導,不過仍然會因學校的一些情境因素的不同而有所差異,例如,在較大型的小學,教學的責任是授予各學年主任或在某些領域學有專長的教師來協助校長進行課程與教學領導(Glatthorn, 1987)。所以,以校長為主要教學領導者,再做適當的分工與授權應是可以接受的方向。

綜合上述看法,歸納說明校長在領導角色應有的轉變:

一、願景打造者:校長要預見學校本身的發展目標,並主動與親師生討論,建構學校共同的閱讀教學願景。

二、教學評鑑者:校長應與教師建立良好的關係,營造專業對話的

機制，討論改善閱讀教學策略，協商教師教學專業評鑑指標，進而提升教師專業知能。

三、課程發展者：校長應依據社區特質、家長期望、學生需要及學校條件，研發設計適合學校的閱讀教材課程，而課程發展委員會的功能有否發揮，端賴校長的專業理念與領導策略。

四、資源提供者：校長能提供、運用與分配學校及社區資源，以協助教師進行有利的教學，並能充實資訊科技設施，規劃成立教學資源中心，提供閱讀教學最便捷的支援與服務。

五、自我發展者：校長在面對快速多變的環境，惟有透過不斷地自我反省，自我剖析與自我更新的歷程，積極追求領導者所需具備的「內在基礎特質」（Competency），才能成為卓越的教學領導者。

貳 就閱讀教學領導的範圍而言

欲瞭解閱讀教學領導的範圍則必先瞭解課程領導與教學領導的關係，基本上，課程領導與教學領導可說是息息相關，兩者同等重要，爭論兩者之間何者重要並無實質意義。不過事實上若從範圍而論，兩者之間仍然有所區別；想要對兩者之間有所區別，可由「課程」與「教學」的範圍與關係，以及兩者間的工作項目加以區分。

就「課程」與「教學」的關係與範圍而言，「課程」與「教學」之間該如何區別？兩者之間有何關聯？Lunenbur和Ornstein（2000）及Ornstein（1995）歸納歷來課程學者對此一問題的不同觀點與看法，主要包括以下幾項論點，茲將之分述如下：

一、R.w. Tyler的觀點

將教學視為是教導課程的計畫，並將學習經驗組織成為教學單元、科目和方案的程序。基本上，課程與教學同等重要，兩者是一持續循環的過程，包含持續不斷地再計劃與再評價。

二、H. Taba的觀點

認為課程的脈絡範圍較教導（teaching）寬廣，而教導的脈絡範圍則又較教學（instruction）寬廣。課程所代表的是學習的一切實質與內容；教導則是教師將學科內容傳授給學習者的行為與方法；教學則被視為是不同的課程階段所引進的具體活動。所以，教學與課程是分離的，且不如課程來得重要。

三、J. Macdonald的觀點

將課程定義為行動計畫，而將教學定義為付諸行動的計畫，教導被定義為教師廣泛的行為，學習（learning）則被定義為學習者的改變。其著重點分別為，課程為先於教學的各種計畫努力，教學是在處理師生互動，教導是呈現刺激或暗示的行動，學習則包含學生的反應。因此，課程被視為是計畫，教學被視為是實施，教導包含了行為、教法和教學，學習則含有合理的反應或學生的行動。

四、H. Broudy的觀點

視課程為一整體系統，教學是其子系統。課程與教學相互依存，其中一種為另一種的次級系統。

五、D. Tanner和L. Tanner的觀點

認為將課程與教學描述成個別的要素是一種誤解，需綜合課程與教學成為一個問題，而非視為彼此分離的問題。

六、R. Zais的觀點

視課程是一個廣泛的概念，而教學則是一個殊的現象。

此外，Oliva（1997）也就課程與教學的關係，提出了二元論模式（dualistic model）、連結模式（interlocking model）、同心圓模式（concentric models）、循環模式（cyclical model）等四種模式，此四種模式與上述的觀點類似，只是現在學者對於課程與教學關係，已產生了一些共同信念，包括：1.課程與教學彼此相關但卻不同；2.課程與教學交互連結且相互依賴；3.課程與教學可以當作個別實體加以研究與分析，卻不能相互孤立而運作。

綜觀這些學者對於課程與教學關係的觀點，主要可歸納出三種不同的課程與教學關係的途徑：第一種是綜合式（synthesis）的科際整合觀；第二種是課程與教學分離的（separation）觀點；第三種則是融合式（fusion）的動態交錯觀點。每一種觀點都各有優缺點，例如，採取綜合的方式並無法告訴我們如何讓兩者結合，因而造成課程與教學過程更加模糊不清；採取兩者分離的觀點，則易造成不完整且易犧牲彼此，最常發生的就是課程專家過度強調課程而犧牲教學，相對教學理論家則過度強調教學而犧牲課程。所以，從理論的觀點而言，融合的途徑似乎較為可行，特別在教室層級，課程與教學是在不同脈絡下，以不同的方式交錯。

綜合上述可知，課程與教學之間可說是一體的兩面，彼此交互連結，相互依賴，課程領導與教學領導亦是維繫這樣的概念。整

體而言，不少學者認為課程和教學是相互依賴、互為補充、相互聯繫的。課程與教學兩個領域最終關心的課題是學生的學習。換句話說，學習是課程與教學之間的關鍵因素。因此，閱讀教學領導範圍，可以說兼具課程與教學。

第三節　閱讀教學領導行為

　　李安明（2016）認為校長教學領導行為，包括「直接主導」的教學領導行為，如直接參與授課、示範教學、親自進入教室內觀察與指導教師教學等；透過「授權分責」、「賦權當責」等「間接」方式所實施的教學領導，如：部分授權或全權賦予他人（如教務主任、專業教師或具備與授權或賦權項目專業知能的組織人員）從事與學校教與學之改進措施；及「多元共治」的教學領導作為，如校長、行政人員與教師共同實施教學領導作為。此外，張春興（2000）對於「領導行為」（leadership behavior）的解釋，指出團體中的領袖在領導別人時所表現的行為，並且從團體活動目標之達成及團體中成員間的人際和諧關係之維繫，來說明領導行為的優劣及優秀領導者所應具備之才能。而「教學領導行為」則是領導者以教學為焦點，所進行之領導（張維倩，2004）。以下將分別針對國內外學者對「教學領導行為」的內涵進行分析，以獲得概括性的瞭解，進而討論校長閱讀教學領導的具體作法。

壹　教學領導行為

　　校長領導對學校的人員、過程與結果是可以發揮影響，且影響範圍廣泛（林明地，2000），故西諺有云：「有怎樣的校長，就有怎樣的學校」（As is the principal, so is the school）。校長是一所學校的領導者，校長同時扮演教育者、行政管理者、文化領導者、專業社群的一分子，以及校長個人自己的角色（林明地，2008），辦學理念正確與否，會影響學校辦學的績效。一個成功的學校領導者必須具備知識、具有願景、願意奉獻及善於利用不同領導模式。校長應該擺脫傳統的領導觀念，才能洞燭機先，引領學校適應未來社會，邁向新世紀。

　　教學領導（instructional leadership）理念源自於教學視導、學校效能等研究，主要認為學校教育的核心目標為教學，校長領導也應以此為核心。校長、教師及其他校內行政人員均可能進行教學領導，但一般多指校長的教學領導。就國外學者觀點來說，Pantelides（1991）認為：「教學領導」係指校長直接參與學校課程與教學設計之行為，旨在增進學生的學習成就。至於國內學者，李玉林（2001）、張國強（2009）、林文律（1999）、倪千茹（2002）的論述，認為教學領導為學校校長透過直接或間接的領導行為，發展學校任務與目標、確保課程與教學品質、增進師生學習氣氛及發展支持學校與社區關係的工作環境等領導作為，直接主導、影響、參與、示範或授權他人從事與教學相關之各項改進措施，以達成督促學生進步、獲得基本技能，以及實現學校教育目標的歷程。

　　由校長教學領導行為的意義可以看出，校長教學領導功能的有效發揮，則有助於教學品質的提升與提高學生學習動機。因此，校

長如何瞭解有效地運用教學領導行為之內涵，以滿足學校「教」與「學」的學校教育功能，各個專家學者均有其看法。茲略述中外學者對校長教學領導行為的看法如下：

Woles和Lovell（1975）提出八項影響教學領導行為之內涵因素：1.提供支援；2.提升及發展課程；3.持續專業發展；4.選擇、取得、分配教學所需之教材設備；5.教學評鑑；6.發展目標；7.協調各項計畫；8.研究和傳播。

Hallinger（1983）發展了一套「校長教學管理等級量表」PIMRS（The Principal Instructional Management Rating Scale），將校長教學領導行為內涵分為十個面向：1.形成學校目標；2.溝通學校目標；3.監督和評鑑教學；4.統合課程；5.監督學業進步；6.保護教學時間；7.保持高出現率；8.提供教師誘因；9.提升專業發展；10.提供學習誘因。

Ibrahim（1985）於其發展之「教學領導行為描述問卷」（Instructional Leadership Behavior Description Questionnaire，簡稱ILBDQ）中，將校長教學領導行為分為八個層面：1.提供一般的領導；2.對師生的高度期望；3.提供師生教學協助；4.具備專業知能；5.對學校之成功深具信心；6.提供教職員發展計畫；7.具備良好人際關係與技巧；8.有效監督與評鑑教學。

Taylor（1986）認為校長教學領導應該要包括六種積極的行為：1.經常觀察教師並給予回饋；2.和教師一同回顧學生的成績，以督視學生進步情形；3.共同和教師們建立一個和諧的教學計畫；4.提供資源及成長機會，以提升教師專業發展；5.傳達教師對學生成就應有的責任觀念；6.定期與教師商談教學事宜，扮演一位教學資源提供者。

McEvoy（1987）在一項針對教學領導的五年研究中指出校長

教學領導是要透過以下的行為來引導教師成長：1.提供教師專業成長機會及鼓勵教師專業上的興趣；2.傳達專業的課程教材；3.使教師聚焦於明確的主題上；4.誘導教師觀點；5.鼓勵教師實驗新技巧；6.知覺教師個人成就。

Weber（1987）認為要使學校成為有效能的學校，校長應有下列教學領導行為：1.設定學業目標；2.發展達成目標的策略；3.有聘用及視導教師的專業知能；4.珍惜教學時間；5.維持良好的學校氣氛；6.監督、評鑑教學計畫；7.評估教學內容、教學品質和教材的好壞。

Murphy（1990）認為：校長教學領導行為分類大致包含十個層面來表示：1.建構並傳達學校目標；2.視導並評鑑教學活動；3.促進教師專業的成長；4.建立積極正面的期望；5.提供師生積極的誘因；6.發展支持的工作環境；7.創造安全有序的情境；8.增進學生學習的氣氛；9.分配並保障教學時間；10.保持高出現率。

1966年美國Coleman報告書中分析當時美國教育機會均等的情況，強調校長教學領導應從以下著手：1.校長能擬定學校明確的教學目標；2.校長能主動積極地參與學校閱讀課程與教學的相關活動；3.校長對於教師的教學及學生的學習有高度期望；4.校長能展現高度的行政領導與閱讀教學領導知能（Coleman et al., 1966）。

Hallinger（1992）認為教學領導者是學校教育計畫相關知識的主要掌舵者。校長被期望應具備與課程及教學有關的知能，並能直接輔導教師教學，促進學校改革與教學創新，並給予教師及學生高度期盼，同時有效地管理與監督教師的教學，整合學校的課程方案，時時關心學生的進步狀況。

國內許多學者研究校長教學領導行為均提出有關校長教學領導行為的內涵，以下簡述幾位學者專家之看法，俾利本研究之參考。

趙廣林（1996）在其《國民小學校長教學領導之研究》中，歸納出校長教學領導的行為層面有以下六項：1.教師評鑑與輔導；2.良好的教學資源運用與管理；3.提升教學策略；4.鼓勵具有教育性質的活動；5.協助教師專業成長；6.關心學生的學習情形。

楊振昇（1997）則以為廣義教學領導行為之內涵包括：1.所有能協助教師教學的相關活動；2.所有能協助學生學習的相關活動。

李安明（1997）指出校長教學領導的六項行為層面為：1.發展教學任務與目標；2.確保課程品質；3.確保教學品質；4.促進教師專業成長；5.增進學生學習氣氛；6.發展支持的合作關係。

林明地（2000）指出校長教學領導的具體行為可以歸納為六大領域：1.巡視教室與校園；2.協助教師在職進修或專業成長與發展；3.表達較高的期望，提高師生表現標準；4.瞭解學生學習情形；5.實踐行政支持教學的理念，建立良好的教學環境；6.塑造英雄，建立楷模。

張德銳（2001）認為校長教學領導應有六項作為：1.對學校具有強烈的成就動機與方向感；2.堅信提供學生學習的機會是學校存在的唯一理由；3.支援教師改進教學所作的努力；4.致力於教師的專業成長；5.致力於營造和諧、互信與合作的工作關係；6.致力於營造和諧的學校與社區關係。

綜合上述國內外專家、學者的看法及文獻所得，校長教學領導行為之內涵並非局限於行政領導部分，應以較廣義的教學領導功能的發揮，較為多數學者專家所接受。因此，研究者將校長教學領導行為之內涵歸納為七個主要行為層面，加以說明：

一、結合學校與外界資源，從事與教學有關之措施與作為，並藉由領導與管理發揮人際影響力，以引導教職員達成教學目標的動態歷程。

二、發展學校教學目標。校長教學領導行為以增進教學品質、視導
　　並評鑑教學、分配並保障教學時間、探究知識建構內涵、課程
　　的安排與監督學生的進步情形。

三、確保課程與教學品質。校長教學領導行為以落實參與領導、擬
　　定符合學校特性的教學目標；與學校成員溝通觀念，調適教師
　　心態，瞭解變革的必要性，並能帶動學校成員落實教學目標。

四、提升教師專業成長。校長教學領導行為以領導教師致力於教
　　學創新，促進教學實務的協助與專業對話、引導與激勵教師進
　　修，透過組織的運作，以提升教師專業能力及行動研究，解決
　　教育問題。

五、增進學生學習氣氛。校長教學領導行為以創造誘因、激勵學生
　　學習風氣，鼓勵多元學習，瞭解並肯定學生學習成效，傳達對
　　學生有高度期望，並對學習挫敗的學生安排補救教學，以確保
　　教學品質的提升。

六、提供支持工作環境。校長教學領導行為以實踐行政支持教學理
　　念，建立良好的教學環境，發展工作支持關係，建立好的人際
　　溝通技巧，充實教學設備。

七、進行課程教學評鑑。校長教學領導行為以評鑑協助並激勵教師
　　改進教學，促進教師專業發展。藉由評鑑判斷課程教學表現水
　　準的優劣程度，以維持教學及課程品質。

閱讀教學領導具體作法

　　根據上述教學領導行為，可知其包含層面非常廣泛，至於閱
讀教學領導具體作法，呂翠華（2011）認為校長閱讀教學領導具體
作法在於：以閱讀為優先的信念，分配給閱讀教學更多時間；抱持

高度期待，相信教師具有使命感，對學生的閱讀表現負起責任；以團隊推動閱讀教學，校長積極參與課程規劃，教師提供適合的教材與教法；校長以身作則，隨時吸收最新的閱讀知能，扮演支持的角色，親身示範並引導改變；促進親師合作，學校協調家長為孩子打造閱讀的環境，並加強家庭與社區資源的連結，共同發展成為夥伴關係。

吳春慧（2012）提出校長閱讀教學領導的五項作法：校長溝通閱讀教學目標，校長倡導閱讀教學任務，領導教師擬定閱讀教學目標：確保閱讀教學品質，校長參與相關課程研討會，評鑑閱讀教學實施成效，成立專業團隊發展校本課程；增進教師專業知能，鼓勵教師專業進修，協助成立專業學習社群，尊重自主並訂定獎勵制度；提倡學生閱讀風氣，關懷學生需求，鼓勵多元發展、訂定獎勵辦法；建立閱讀環境，改善圖書館缺失，爭取家長及社區支持，合理分配教學資源。

藍美玉（2005）提出校長閱讀教學領導的具體作法：整併相關會議，保障閱讀教學時間；整合校內外教學資源，如廣招義工、增添設備，妥善運用經費提供協助；校長經常露面關心教學，高度參與，為師生加油打氣；舉辦多元的閱讀活動，如閱讀認證、e作家活動、有獎徵答、愛心媽媽故事導讀等；建構優質的閱讀環境，圖書室修繕、充實軟硬體設施；校長親自參與課程與教學設計，鼓勵教師使用多種教學法、加入資訊科技：善用圖書室資源強化教學，行政規劃配合教師教學活動。

葉國輝（2006）認為校長閱讀教學領導的具體作法是：準備時期，激發教師的熱情，形成閱讀的共識，在學校背景條件下，奠下課程發展的基礎；發展時期，建立學校本位的特色課程，校長全力推動、澄清目標、溝通協調並訂定具體行動；成熟分享時期，課

程已具備明確架構且實際運作，校長思考未來展望與創新突破，以教學爲專業基礎，運用多元題材與教法；展望時期，課程成功凝聚成員的向心力，校長應鼓勵成員研究閱讀教學的方案，參與閱讀績優及教學卓越獎等競賽，爭取更多的榮譽，建立教師的專業信心，校長應秉持日新又新的態度，不斷尋求創新使教學更精緻與卓越。

鄧麗娟（2008）說明校長閱讀教學領導的作法有以下：擬定計畫，校長支持參與、專長教師配合、成員溝通討論；運用策略，訂定獎勵制度、增加閱讀時數、營造閱讀氣氛與環境、爭取社會資源與人力、確定是否達成階段目標；圖書館經營彈性化，考量學生閱讀需求與教師教學方便，增加圖書館藏書量，教師精進教學，行政給予鼓勵與回饋，抱著嘗試的想法，不需要一開始就做得非常好；親職教育，讓家長瞭解學校對閱讀的重視；提供閱讀資源，政府補助專業人力及經費，擁有充分的資源讓執行單位更有能力、教師更能專心一致地推動閱讀。

潘佳雲（2005）提出閱讀課程發展的作爲在於：校長的角色定位，釐清課程架構扮演決策者、促進者、支持者與監督者的角色；學校的行政組織：化整爲零，重視組織的績效參與；教師的專業成長：融合「協同」與「統整」的班群教學、共同達成教學目標；校園情境的營造，結合空間美學與藝術人文的概念，將校園規劃成爲推展閱讀的最佳環境；閱讀課程的評鑑，透過學習單與學生發表展演，評量閱讀教學成效。

楊士瑩（2011）認爲閱讀教學有四項具體做法：第一、學校行政層面：成立閱讀小組、擬定推動計畫並隨時檢討、融入學校整體課程規劃；第二、教師層面：落實表揚與鼓勵、發展專業成長、研發閱讀教學策略、教師教學成果展現；第三、學生層面：學生閱讀成果展現；第四、環境與資源層面：規劃圖書設備、建置閱讀網

站、結合社區資源、學校自募經費或政府補助等。

　　綜合上述可知，閱讀教學領導的具體做法有十個面向，如表2-1所示：

一、建立閱讀願景、溝通教學目標

　　校長確立學校閱讀教學願景，透過公開民主化的程序，與教師討論閱讀教學的方案特色及發展定向。凝聚教師、家長與學生的共識，完成短程、中程與長程的各項教學目標，引導學校發展閱讀教學。

二、規劃閱讀方案、成立推動小組

　　瞭解目標與方向後，校長成立閱讀推動小組，開展閱讀教學各處室的任務，界定小組各部會的工作內容；運用班群或科別推動「橫向」與「縱向」的課程連結，使閱讀教學方案具備一到六年級整體的架構。

三、營造閱讀氛圍、擬定獎勵辦法

　　保持高出現率帶領閱讀風氣，以身作則隨時吸收最新資訊；公開表揚優秀楷模，適時給予鼓勵；頒發獎項提供學習誘因，使學生重視閱讀活動。

四、確保教學時間與品質

　　建立開放支持的環境，讓教師放心投入教學；整併會議保障教學時間，確保教學不受外界干擾；充實各項圖書資源，方便閱讀教學隨時利用。

五、增進教師的專業成長

　　學習型組織，提供專業成長的機會，邀請閱讀種子教師分享教學策略與實務經驗；同儕觀摩，商討教學目標、提供教學支持，引發教學改良的契機。

表2-1　校長閱讀教學領導之具體作法

學者	藍美玉（2005）	潘佳雲（2005）	葉國輝（2006）	楊士瑩（2011）	吳春慧（2011）	呂翠華（2011）	鄧麗娟（2008）
建立願景溝通目標	V	V	V	V	V	V	V
規劃方案成立小組	V	V	V	V	V	V	V
營造氛圍鼓勵表揚				V	V	V	V
確保教學品質	V		V		V	V	V
增進專業知能	V		V		V	V	V
發展多元活動	V	V	V		V	V	V
建構圖書設備	V	V	V	V	V		V
結合社區家長	V	V	V	V	V		V
爭取閱讀資源	V	V	V	V	V		V
評鑑閱讀教學成效		V			V		

資料來源：研究者自行整理

六、發展多元的閱讀活動

　　舉辦閱讀相關學藝競賽,如閱讀護照、閱讀心得寫作、有獎徵答、製作小書、演書說書、圖書館利用教育、特色或主題書展、愛心志工說故事等活動,提升學生閱讀動機與閱讀能力。

七、建構優質的圖書館與便利的網站

　　圖書館資源的運用,營造溫馨的圖書角、便利的借書查書服務、隨時更新的好書推薦;設立圖書網站,能夠快速統計借閱的人數次數、線上投票最受歡迎的書籍、展示藝文活動訊息。

八、結合社區特色與尋求家長支持

　　改善學校人力物力不足的問題,尋求家長支援與協助,加強親師合作,共同發展家庭閱讀活動;建立學校與社區的連結,將在地特色融入閱讀課程,運用社區圖書館,增強其教育功能。

九、爭取政府與民間的閱讀資源

　　推動閱讀學校需要各界協助,如TVBS基金會、「愛的書庫」臺灣閱讀文化基金會、「行動圖書館」誠品文教基金會、「玉山圖書館」玉山銀行黃金種子計畫等;政府單位經費較不足,需要學校主動申請才能取得。

十、評鑑閱讀教學的成效

　　運用走動式管理,掌握學生學習與教師教學的狀況,並隨時瞭解教師的困境與需求。實施教學視導與評鑑,確保教學及課程品質與績效,以多元評量來評估學生閱讀能力,及早發現困難並給予補救教學。

　　根據上述專家學者的意見與看法,針對校長閱讀教學領導行為及策略可獲得下列的啓示:

一、校長是首席教師,需進行教學領導,其任務絕不僅止於資源的爭取。

二、校長必須建立推廣閱讀發想，校長閱讀教學領導之具體作法發展如何以具體策略達成目標。

三、校長必須瞭解校內教師閱讀教學的優劣，並據以引領教師產生閱讀教學的改變。

四、校長在推廣閱讀的過程中，如何陪伴、發現校內教師的閱讀教學專業，讓其他教師的教學產生改變。

五、學校所舉辦的任何閱讀推廣活動，必須設定對提升閱讀能力，是否與預期效應相符，並評估有無扣緊學校推廣閱讀的理念，重視績效評估，朝優質化邁進。

因此，綜觀國內外閱讀教學領導的發展，本研究將校長閱讀教學領導之行為內涵大約分為：

一、校長要能以堅定的教育信念為核心價值，以策略為實現教育信念之作為，並以「行動」來推展學校閱讀特色，最後才能獲得成效。

二、校長要以「溝通協調」取代命令，也就是說領導者人格特質和情境變數兩者的融合度，不同的情境下，會產生多種不同的領導結果（Bryman, 1992）。換句話說，就是以能因時因地制宜的領導策略，確保目標的建立與共識的達成。

三、教師是閱讀人力資源重要一環，也是閱讀教學績效與品質良窳之關鍵；因此，為確保閱讀教學的課程品質，校長會提升閱讀教學中重要的教師人力資源素質。

四、提倡學生以「閱讀」為主的學習風氣，將人力、物力、財力與閱讀活動資源整合，以學生學習需求為主的課程設計，推展多元閱讀活動，引導學生健全的學習，激勵閱讀興致。

五、整合內外部資源，考量學校資源、爭取外部資源，並善用政府提供的相關資源，如教育部充實閱讀空間與設備，爭取計畫補

　　助：與非營利組織資源合作，發展學校閱讀風氣。

六、建置閱讀評鑑機制，確保閱讀品質。校長在進行閱讀教學領
　　導，能針對準備階段、教學發展階段、執行階段等，定期、不
　　定期檢核實施成效，進一步地修正計畫與回饋，以確保閱讀教
　　學品質。

閱讀教學領導模式內涵與要素
——織起夢想、開拓夢想之路

　　學校組織當中的閱讀教學領導的關係並非短時間可以建立，必須經由長時間的經營與管理，正因如此，校長爲了穩固長遠發展的閱讀教學目標，必須透過閱讀教學領導，才能有效達成並建立閱讀教學的目標。校長閱讀教學領導經由意涵與相關研究的探討後，本章將針對校長閱讀教學領導的模式內涵，以及校長閱讀教學領導的要素進行探究，全章共分三節，第一節爲教學領導模式分析；第二節爲閱讀教學領導相關模式與觀點；第三節爲閱讀教學領導模式的內涵與要素；並爲本研究校長閱讀教學領導模式初步建構。茲分述如下：

第一節　教學領導模式分析

　　檢視目前國內外有關閱讀教學領導的研究論文，因爲多屬於開發階段，所以本研究引用教育領域的論述來加以探究，再聚焦於模式之建構。本節先就教學領導模式作一析述；其次，就教學領導的模式關係加以釐清。

壹　教學領導模式

　　就閱讀教學領導在未來組織發展的關鍵地位，不難發現屬於一種多元、複雜與前瞻性的發展體系。因而在模式實踐的過程當中，必然涉及與內外情境互動，以及資訊應用的特性，存在著對模式目標分歧的看法，本研究爲將複雜的變項整合成適用於國民小學的簡單明確之架構，並經由國內外學者所提出的教學領導模式，進而轉

化建構出理想的國民小學閱讀教學領導模式。茲就相關教學領導模式分述如下：

一、Bossert, Dwyer, Rowan和Lee的教學領導模式

　　Bossert, Dwyer, Rowan和Lee（1982）的教學領導研究，建立教學管理架構（A Framework for Examining Instructional Management），其教學領導模式架構如圖3-1所示，包含四個因素，值得作為校長閱讀教學領導模式建構的參考。以下分別說明：

　　背景因素：所有環境與相關因素，都有可能影響到校長的教學領導。包括：1.社區：地理位置、家長社經背景與其支持程度、社區成員，這些因素是教學領導的助力，也可能是阻力；2.校長的信念與經驗：校長辦學的理念和專業知能；3.機構背景：包括政策與

圖3-1　Bossert, Dwyer, Rowan & Lee的教學領導模式

資料來源：“The instructional management role of the principal,” by S. T. Bossert, D. C.Dwyer, B. R. Rowan & G. V. Lee, 1982, *Educational Administration Quarterly, 18*(3), 40.

規定、各種教育專業組織。

　　校長的領導：強調各項教學領導行為。包括：擬定與傳達學校目標、觀察與評鑑教師教學、教學資源的分配及行政管理等。

　　影響範圍：強調教學的氣氛與教學的組織。教學的氣氛包括學生紀律、學生彼此的關係、師生間的關係、和社區的關係等。教學組織則包括：課程、教學、教師進修、班級規模以及學生評量等。

　　學習結果：學習結果是學校所欲達成的目標。包括：學生的學業成就、學習態度、責任感、自尊心以及成為一位健全的公民。

二、Snyder的教學領導模式

　　Snyder（1983）之教學領導模式，分成三個階段：計畫、發展、達成目標／評量，每一個階段皆有其主要的工作任務，詳如圖3-2所示，值得作為「以學定教」的校長閱讀教學領導模式建構的參考。以下分別說明：

　　（一）學期初的第一階段（九月至十月）計畫：本階段的主要任務在於「計畫」。校長的工作在於：設立學校目標、擬定教學計畫、個別班級教學計畫。

　　（二）學期中的第二階段（十一月到翌年四月）發展：本階段的主要任務是「發展」，目的在於執行第一階段的計畫。工作包括：「臨床視導」，即是召開視導前會議，藉由實際觀察教師教學，提出具體建議。其次，校長必須重視教師進修與成長，同時也要與教師共同設計、實施與評鑑課程，並掌握各項計畫的執行進度與成果。校長在過程中要激勵、引導教師並給予適當協助。最後，校長必須對有限的資源做合理的調配。

　　（三）學年終的第三階段（四月到五月）達成目標／評量：此階段強調的是「評量」，評量的重點在於「學生的學業成就表現」

圖3-2　Snyder的教學領導模式圖

資料來源："Instructional leadership for productive schools," by K. J. Snyder, 1983, *Educational leadership*, *40*(5), 32.

與「教師是否達成教學目標」、「教職員達成計畫的程度」。針對評量的成果，彙整各項成果報告，再進行「再計畫」，協助改善教學。

三、Hallinger和Murphy的教學領導模式

　　Hallinger和Murphy（1987）的教學領導模式，包括界定學校任務、管理教學計畫、提升學校氣氛，如圖3-3所示，值得作為校長閱讀教學領導模式建構的參考。以下分別說明：

　　（一）界定學校任務（defines the mission）：1.形成目標：擬定近程、中程、長程目標；2.傳達目標：校長能運用各種方式，將學校目標傳達給教職員及家長。

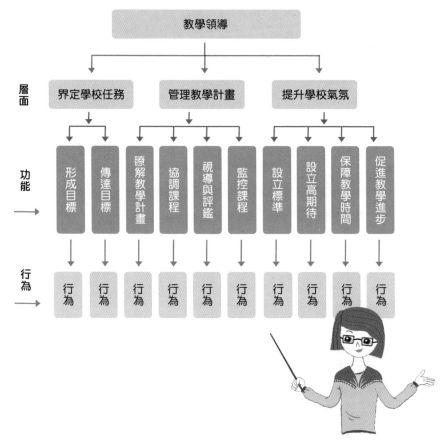

圖3-3　Hallinger和Murphy的教學領導模式圖

資料來源："Assessing and developing principal instructional leadership," by P.Hallinger & J. F. Murphy, 1987, *Educational Leadership, 45*(1), 56.

（二）管理教學計畫（manages curriculum and instruct）：1.瞭解教學計畫：校長能確保教師教學符合學校目標；2.協調課程：積極參與課程教材之檢查或班級課程之安排；3.視導與評鑑：從事教室觀察與教學視導，以瞭解教師教學情形；4.監控課程：校長注重學生學習評量的結果及進步的情形，並督促教師將之作為教學決定之參考。

（三）提升學校氣氛（promotes school climate）：1.設立標準：提供學生學習上的誘因；2.設立高期待：對學生有較佳表現之高度期待；3.保障教學時間：確保教師的教學時間不受外界影響而中斷；4.促使教學進步。

四、Murphy的教學領導模式

Murphy（1990）教學領導架構包括四個層面：發展任務與目標、管控教學過程的運作、促進校園的學習氣氛、發展支持的工作環境，如圖3-4所示，Murphy的研究，發展一套用以檢視教學領導的完整性架構，此架構包括四個層面和十六項作為，值得作為校長閱讀教學領導模式建構的參考。包括：

（一）發展任務與目標：計畫學校的目標，並能傳達學校目標。

（二）管控教學過程的運作：促進教學品質、視導與評鑑教學、分配並確保教學時間、導引學生學習的進步。

（三）促進校園的學習氣氛：建立積極正向的期望、保持高度出現率、提供師生獎勵誘因、促進專業成長。

（四）發展支持的工作環境：創造安全有序的學習環境、提供學生參與活動機會、發展教職員的合作與凝聚力、確保資源能支援教育目標、使家庭與學校緊密結合。

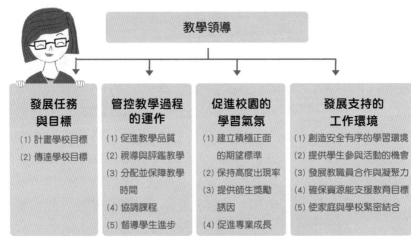

圖3-4　Murphy的教學領導模式圖

資料來源："Principal instructional leadership," by J. Murphy, 1990, *Advances in educational administration*, vol. 1, Part B: Changing Perspectives on the School, p.169, JAI Press.

五、Duke教學領導模式

Duke（1987）將有效能的校長於實際的教學領導上所需的特質與技巧歸納為六個層面，包括：廣徵教師參與、開展教學支持、充實教學資源、落實品質管制、活化溝通協調、有效解決問題。如圖3-5，值得作為校長閱讀教學領導模式建構的參考。以下分別說明：

（一）教師視導與發展：此乃教學領導能成功最重要的一環，校長要巡堂、和教師見面、討論，建立互信關係，並促使教師發展才能。

（二）教師評鑑：根據一定的標準及教師的教學表現等，來作

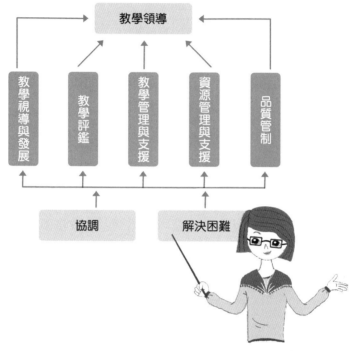

圖3-5　Duke教學領導的模式

資料來源：Duke, D. L. (1987). *School leadership and instructional improvement.* New York: Random House.

為評鑑的依據。

（三）教學管理與支持：包含學校教學策略發展與實施，並減少干擾教學的因素。

（四）教學資源管理：善用教學資源，訂定行事曆、課表，教師的選任，教科書的選定，教具取得與分配等事項。

（五）落實品質管制：由評估學生與教師的表現，來檢驗學校

目標是否達成。

（六）活化協調、溝通：保持良好關係，釐清目標與期望，減少不同意見。

（七）致力問題解決：對於影響教學的問題能防患於未然，及早發現。

貳 綜論教學領導模式內涵

有關教學領導相關研究相當多，但考量閱讀教學領導與傳統的教學領導有所不同，因此研究者茲將上述學者的教學領導相關模式歸納如下，以求進一步建構國小校長閱讀教學領導模式的內涵。

Bossert, Dwyer, Rowan & Lee強調背景因素，認為所有環境與相關因素，都有可能影響到校長的教學領導，包括：社區、地理位置、家長社經背景與其支持程度、社區成員，這些因素是教學領導的助力，也可能是阻力，並特別提到背景因素還包括政策與規定、各種教育專業組織。

再者，所有學者都相當重視擬定及傳達有效目標的學習，並將其視為教學領導的影響學習成果的重要流程；Snyder（1983）強調設立學校目標的相關作業流程，包括設立學校目標、擬定教學計畫與擬定班級教學計畫等部分。另外，所有學者也重視教學過程包含學校教學策略發展與實施，需要教學管理、協調課程，督導學生進步。

Murphy也強調發展支持工作環境，促進校園學習氣氛和促進專業成長，確保資源能支援教育目標，與家庭社區緊密結合，並能提供師生獎勵誘因，營造精神層次的支持環境等。Hallinger和Murphy提到提升學校氣氛（promotes school climate），提供學生學習

上的誘因。

　　Hallinger和Murphy、Snyder和Duke重視由評估學生與教師的表現，來檢驗學校目標是否達成，包括視導與評鑑，以掌握各項計畫的執行進度與成果，督促教師教學品質，提升學生學習之品質；Duke更指出模式中，教師視導與發展乃教學領導是否能成功的重要環節。

　　整體而言，本研究綜合上述專家學者所提出的論述主張，可提供閱讀教學領導模式內涵參考，應包括背景環境脈絡、社區家庭成員、校長理念、人力、經費等資源的投入支持、發展目標、促進學習、教學策略發展與實施、環境支持、提供獎勵，以及藉由視導評鑑督促教學品質和學習成效。

第二節　閱讀教學領導相關模式與觀點

　　閱讀教學領導相關模式的研究仍屬開發階段，須由教學領導概念與學校組織發展閱讀特性兩者綜合歸納而成。考量閱讀教學領導與傳統的教學領導有所不同，因此研究者進一步將學者曾提出的閱讀教學領導之領導相關模式或觀點說明如下，以求進一步建構國小校長閱讀教學領導模式的內涵。

壹 閱讀教學領導相關模式與觀點

一、Hallinger, Bickman與Davis（1996）的閱讀教學領導整合的模式

Hallinger、Bickman和Davis（1996）在美國以87所小學研究校長對學生閱讀成就的影響，在「校長領導影響學校效能的確定模式」中指出學校社經背景、家長參與、校長性別等三個變項，所構成的校長教學領導變項，對於形成清楚的學校任務與促進教學組織是有影響力的；進而增進學生學習機會與教師期望，最終達成對學生閱讀成就有顯著的差異，如圖3-6。

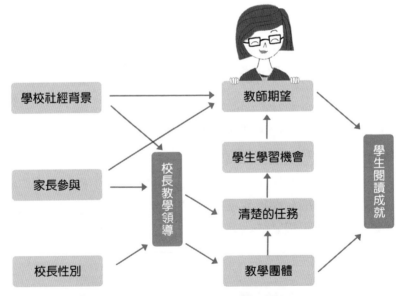

圖3-6　校長領導影響學校效能確定模式

資料來源："School context, principal leadership, and student reading achievement." by P. Hallinger, L. Bickman, & K. Davis, 1996. *The Elementary School Journal*, *96*(5), 540.

二、吳春慧和藍美玉的校長閱讀教學領導模式內涵

吳春慧及藍美玉（2012）認為理想的閱讀教學領導模式包括發展教學任務與目標、提升課程教學品質、促進教師專業成長、增進學生學習氣氛、發展支持工作環境等五項。

（一）發展教學任務與目標：校長參考內外部成員的意見，發展學校閱讀本位課程，訂定符合學校文化特性的目標及願景。

（二）提升課程教學品質：校長依據學校閱讀教學實施情況，與老師討論優缺點，據以修正，並適度納入閱讀教育政策轉化學校層級之方案。

（三）促進教師專業成長：校長能提供教師有關閱讀教育之專業研習，推動閱讀教育之評鑑措施。

（四）增進學生學習氣氛：校長提供多元閱讀學習機會，重視閱讀之成效，協助輔導閱讀個別差異學生。

（五）發展支持工作環境：校長能積極爭取閱讀教育資源，妥善規劃學校閱讀教育之經費及資源，建構優質閱讀教育環境。

另外，吳春慧也提到要發展教學任務與目標，校長會參考學校內外部成員意見，發展閱讀教育本位課程。

三、張思萍等學者相關閱讀教學領導模式內涵

張思萍乃根據Murphy（1990）所提出涵蓋四大層面的教學領導架構，及各層面與各層面下的子項目為基礎，並在研究後建議校長明確訂定學校推動閱讀教育階段目標，並透過親師生回饋，依據目標評鑑檢核學生學習成效。其所建構閱讀教學領導模式為：1.共塑學校願景——營造閱讀書香校園；2.管理教學課程——規劃閱讀特色課程；3.提升教學效能——增進教師閱讀教學知能；4.激勵學

生學習——誘發學生學習動機；5.發展支持環境——爭取相關資源。

　　此外，周芷誼（2006）則表示環境對學生閱讀是有影響的，從閱讀環境方面來看，若校長能以身作則、提供良好的閱讀示範，並給予閱讀指導、營造班級閱讀氣氛、設置班級圖書角等，對兒童閱讀動機及態度都有正向的影響。

　　由此可知，校長要爭取學校推動閱讀教育資源，並能妥善分配。實際作為包括充實相關軟硬體設備、添購多元化主題書籍、提供充足的藏書數量與布置校園閱讀情境等；在人力資源方面，與家長、社區進行良性溝通以獲得鼓勵支持，使學生閱讀的範圍延伸至校園外，而家長的認同可提高其參與推動行列的意願，亦可降低招募人力資源的困難度，有了完善的軟硬體及人力資源，師生才能放心地享受閱讀所帶來的樂趣。

　　又范熾文與黃榮隆（2008）認為當政策經由合法化歷程後，便須進入執行的階段，若從行動的觀點來看兒童閱讀政策執行，負責執行政策者是學校校長與教職員，這些執行者採取行動以達成目標；若就組織理論的觀點而言，組織理論學派認為學校組織才是政策能否被有效執行的關鍵，因此教職員工對兒童閱讀政策態度如何、學校各處室的幕僚作業、組織結構與成員的關係，都可能影響執行成效。由此可見，兒童閱讀政策的執行，校長和教職員間必須透過溝通與協調以建立共識，而學校組織本身要訂定執行策略使參與者確實遵行，二者雙管齊下，才可能提升執行的成效。

歸納閱讀教學領導模式內涵

　　本研究歸納上述學者所提出校長閱讀教學領導模式內涵，發

現各學者所提出的內涵，雖然從不同角度出發，然而其內容聚焦探討閱讀教學領導時，幾乎所有學者對發展教學任務與理念目標、教學課程管理都相當重視；Hallinger, Bickman和Davis、周芷誼、范熾文與黃榮隆強調背景因素，認為社經背景、環境、學校組織等因素，都有可能影響到校長的教學領導；吳春慧、張思萍強調發展支持工作環境，營造學校閱讀教育環境及爭取閱讀教育經費和資源，吳春慧和周芷誼另強調推動人力與資源上的支持，與家長社區溝通爭取支持，並能支持教師教學，營造精神層次的支持環境等；Hallinger, Bickman和Davis以及吳春慧都認為增進學生學習機會與教師期望，會造成對學生閱讀成就的影響；最後，范熾文與黃榮隆認為校長和學校組織才是閱讀政策能否被有效執行的關鍵，學校組織的溝通協調取得共識，才可能提升執行的成效。

　　整體而言，本研究綜合專家學者所提出閱讀教學領導相關論述，歸納校長閱讀教學領導相關模式及論點之內涵，包括需要考量學校內外環境脈絡；發展支持工作環境，爭取其對學校閱讀教育推動人力與資源上的支持；形塑組織願景目標、閱讀教學的多元策略與作法，並強調教師的專業會影響學生閱讀成效。

第三節　閱讀教學領導模式之內涵與要素

　　本節旨在分析校長閱讀教學領導模式所應具備的內涵與要素，經由相關文獻的分析，初步歸納校長的閱讀教學領導模式主要包括：背景的環境脈絡因素、閱讀教學領導投入要素、閱讀教學領導的過程、閱讀教學領導的產出效能與評估等面向，以下茲就閱讀教

學領導模式內涵與要素，就現有的文獻加以分析。

壹 閱讀教學領導模式「背景」之分析

　　組織檢視內外環境脈絡，進而擬定學校願景目標，必然為閱讀教學領導的首要步驟。根據吳清山（2016）在未來教育發展動向之探究，提到教育是持續發展的過程，在不同階段或時期，都會受到各種內、外在因素的影響。基本上，影響教育發展的內在因素，經常提到教育內部發生事件、人員、系統、結構、條件等，而外在因素通常包社會、經濟、政治、環境、科技等。當教育發展到各種內、外在因素交互影響時，便必須有所變革與突破，才能促進教育的進步。

　　此外，蔡金田（2009）提到學校品牌建構有賴於分析行銷策略的內部障礙、外部環境、文化差異以及社會趨勢等因素。

　　而以學校經營面向而言，Fullan認為成功教育變革，學校與周圍環境的互動交流相當重要，也就是指政治領域與潛在的合作夥伴，包含國家政策、家長、社區、企業、教師聯合會與其他機構等（Fullan, 1991）。其實影響未來教育發展的因素相當複雜，各種有形和無形因素都會衝擊到教育，Barbour與Scully（2010）提到影響二十一世紀教育的因素，包括人口多樣化、全球化、科技、宗教和心靈。為了理解影響校長閱讀教學領導的背景因素，以下仍採內在環境和外在環境說明之，較易理解：

一、內在環境

　　教育發展的過程中，會受到學校內部的辦學目標、組織文化、專業知能等內在因素的左右，這些因素亦是維持現有教育有效運作

的重要條件。然而，這些因素也會正向或負向影響未來教育發展，端視這些因素本身是否有調整和改變的可能。

就辦學目標而言，它是學校發展執行的依據，也可作為發展策略的依據，具有前瞻性；反之則否。而校長的領導風格攸關學校組織未來發展的取向，而學校組織行為則是學校組織內之個人、團體及組織三者互動的結果，這些變項互動的結果也塑造學校組織文化的特性及教育結構，若具有彈性和自主決定空間，則有助於未來教育突破與創新；若是過於僵化，將增加變革難度（張慶勳，2006）。

學校組織不斷地變革與發展，學校內外在環境也不斷地變遷。學校組織與環境產生交互作用，兩者為一共生體，關係密切（張慶勳，2001）。Cavangh與Dellar（1998）基於「學校是一開放性的社會系統」之基本假定，他們認為，學校的內在結構與學校外在環境不斷地交互作用，並視學校文化本身的強勢性、組織成員的價值觀及規範的認知，還有教育的改革，衝擊學校文化的穩定性。組織支配環境或是環境支配組織，是學校發展所需面對的課題。

依Deal和Peterson（1994）的研究指出，就組織效能的影響而言，校長對組織行為層面有太多的關注，不如對組織文化層面的關注有效。學校乃屬於鬆散的組織，它是具有適應性的，校長領導的問題多半來自狹隘的概念，認為領導僅是強調目標、行為、結果及效能之評鑑等領導事實層面，殊不知領導更重要的層面在於學校的組織氣氛之社會性意義。

就專業知能而言，促進學生有效學習是學校發展的重要目標，而教師專業水準更是提升學生學習的關鍵，吳雨錫（2002）研究也指出，國民小學校長教學領導與教師的專業發展正相關。當然，教育人員是教育執行者，本身的素質專業也會影響未來教育發展，

具有高素質和高專業的教育人員，是確保未來教育持續精進的基礎。

　　綜上，校長閱讀教學領導所做的任何決定，往往受到不同因素的限制，不可能十全十美。因此，他所做的決定基本上要以組織的目標為優先，並以組織中大多數成員的利益為考慮的重點，且在支持者與反對者中扮演仲裁者的角色，使反對的意見減至最低程度。

　　有魄力的領導在行政效率上，常予人有立竿見影的成效，然在多元的環境中，領導者的包容力亦不可闕如（Bass and Av olio, 1997）；在做決策的過程常須衡酌組織的異議，以形成共識，解決問題，有時迫於形勢，無法立即解決問題時，魄力與包容力須審慎權衡。因此，校長閱讀教學領導，應兼具魄力與包容力，除能貫徹閱讀教學目標，亦應考量學校組織文化。

　　Pantelides於1991年，界定教學領導係指校長直接參與學校課程與教學設計之行為，旨在增進學生的學習成就。Hallinger（1992）指稱，校長被期望具備與課程及教學相關之知能，能直接介入教師教學，促進教學之改革，給予教師及學生高度的期盼，同時密切地管理與監督課堂內的教學，時時關心學生進步。校長的「教學領導」（instructional leadership），1960年代北歐國家已提出校長教育專業領導（pedagogical leadership）的概念，如同英國校長不稱為「首長」（principals）而叫做「教頭」（headteachers），淡化校長的行政功能，強調其教學專業領導的角色（吳清山、林天佑，2001）。校長教育專業領導，實涵蓋課程與教學領域。

二、外在環境

　　吳清山（2016）指出教育活動是屬於社會大活動的一環，社會所發生的事件，都會影響到未來教育的發展。在組織或企業界，

經常採用STEEP分析，亦即從組織或企業所處的社會（social）、技術（technological）、經濟（economic）、生態（ecological）和政治（political）五個方面環境分析，判斷組織或企業所處大環境之優、劣勢，以提供組織或企業研擬未來發展策略的依據。

就教育法制而言，它是形成教育政策的源頭，亦是行政執行依據，倘若法制規範重在興利，具有前瞻性，即可成為未來教育發展的助力。同樣地，社會趨勢、網路數位、國際教育等外在因素亦會影響教育發展，例如：社會價值和文化內涵的改變對教育的影響；網路數位的改變影響未來人才的培育；國際教育影響到未來教育政策的改變。這些外在因素，有時候是單一力量就會影響教育發展，有時候則是彼此交互作用對教育產生影響，導致未來教育發展充滿著一種不可捉摸性。因此，在這種處於混沌又相互依賴的外在環境下，很難用傳統的理性思考未來教育發展策略。但為了規劃未來教育發展，我們對於教育政策、社會趨勢、網路數位、國際教育和政治發展還是必須有充分地理解，所研擬的未來教育發展才具有其可行性和價值性。

儘管外在環境有時候非教育所能掌握，但倘能預先理解，則有助於及早思考教育未來的因應對策，如此對於未來教育所面臨的挑戰，才能有信心做好各種準備。

綜合上述，如同范熾文（2008）亦認為學校外在環境包含政治與經濟、社會變遷、教育政策與法令、社區關係、學生來源與家長參與。茲就近幾年跟閱讀相關之教育政策整理如下：

（一）政策推動：2001-2003年的全國閱讀計畫、2004-2008年的焦點三百、2006-2009年的偏遠地區國中小閱讀計畫，到2009-2012年的悅讀101計畫，能持續但並未能全面性地推動。

（二）課程教學與評量：自2008年更推動「悅讀101——全國

國中小提升閱讀計畫」則以鼓勵方式進行教材研編、培訓師資、改進定期評量、並預期以「臺灣學生學習成就評量資料庫」之國語文試題檢測學生閱讀能力等。在教學時數上，每校有一節圖書館閱讀教學時數。在評量活動上，結合校本評核及公開考試進行閱讀能力評估。

（三）環境建置與資源整合：編列經費充實圖書館資源等硬體環境建置及活動補助。在推廣閱讀教育工作人員方面，教育部自2009年度起，試辦增置國民中小學圖書館閱讀推動教師。另依「補助國民中小學閱讀推動計畫作業要點」補助學校，支援學校經費推動閱讀教育。

（四）師資培育與訓練：臺灣的師資培訓以2001年初步推動閱讀種子教師為主。2009年起計劃建立閱讀種子師資培訓制度及證書制度，結合精進課堂教學能力計畫逐步推動，規劃初階、中階、高階培訓制度。

（五）閱讀磐石學校評選：「表彰績優學校與人員」，為獎勵閱讀推動績優學校、協助學校閱讀之團體及個人，辦理「國民中小學推動閱讀績優校團評選」。以鼓舞閱讀之推展，營造閱讀風氣。

（六）中小學數位輔助學科閱讀計畫：因應數位時代來臨，教育部自2014年開始推動數位輔助學科閱讀計畫，以整合數位學習資源，規劃及發展創新數位學習任務或活動設計，並由中央大學學習科技中心成立國小教學資源中心，負責推廣「明日閱讀」，帶領學生大量閱讀，培養學生的閱讀興趣與習慣。

而在國際間，芬蘭學生閱讀素養，2001、2003、2006年的PISA都是名列前茅，發現學生表現呈現一致性，個別差異非常小（蕭富元，2008）；美國「卓越閱讀計畫」（Reading Excellence Program），強調閱讀是高學業成就根本，提出「閱讀優

先」（Reading First）方案（張佳琳，2010）；英國前教育部長Blunkett指出閱讀是各種學習的基礎與解放心靈的良藥（齊若蘭、游常山與李雪莉，2003），有「圖書起跑線（Book Start）」活動，推廣閱讀風氣、增加閱讀時數，鼓勵父母及早和孩子分享閱讀，目的在培養孩子終身閱讀的習慣，建立「全國都是閱讀者」（Build a Nation of Readers）；法國的文化活動「讀書樂（Lire en Fete）」，最早將每年10月15日至17日定為讀書節，成功行銷國際成為全球性的文化活動，專為兒童設立圖書館，其中很多活動開放對象完全針對兒童；香港推動教育改革的重心在「學會學習」，其中「從閱讀中學習」，學校教育改革從有系統的課程設計與革新，到改善學校閱讀環境（圖書館、圖書角、推動晨讀）。並加強教師專業培訓，舉辦講座和工作坊，創意的教學方法進行教學。

綜論之，本研究歸納閱讀教學領導環境脈絡因素，包括外在環境與內在環境，其中外在環境有：教育政策、社會趨勢、網路數位、國際趨勢；內在環境包括辦學目標、組織文化、專業知能。

貳 閱讀教學領導模式「投入」之分析

從閱讀教學領導的相關意涵中發現，有關於閱讀教學領導的概念基礎，事實上包括了不同的專家學者觀點，這些觀點也直接開啟了許多閱讀教學領導的多元面貌，從這些面貌中歸納探討理論基礎，將有助於瞭解影響校長閱讀教學領導的因素，為了更具體釐清影響校長閱讀教學領導的投入因素，以下將從校長教學領導理念、人力資源、資源經費等面向來加以論述。

一、校長理念的投入

Dwyer（1983）校長個人的基本信念，乃是影響其教學領導的重要因素。國內學者張德銳、李俊達（2007）極力主張校長應經由各種領導行為，傳達理念來提升學校的教學品質，亦以較多元的角度來界定校長教學領導，主張校長應透過直接或間接的領導行為來制定和溝通學校目標、建立學生的學習期望、協調學校課程、視導與評鑑老師的教學、增進學生學習機會及提升教師專業成長。

Amabile（1997）認為，高層管理者傳達的信念、價值與陳述任務，將影響組織創新。學校校長的教育理念與實務經營，所面對的是一個變化的、多元的學校環境，在推行教育理念於實際環境中，難免會因與實際狀況不同，受到教師、行政單位上的阻礙。校長雖深具宏觀睿智，但亦得忍受短暫挫折，以堅實毅力及道德勇氣，參考組織特徵權變謀略，才能化解衝突與阻礙。此時，學校校長應堅持理念配合實際環境，以磋商的策略予以解決。

葉川榮（2013）認為校長在學校組織中扮演著「領頭羊」的角色，教師則扮演在其麾下貫徹執行學校目標與校長理念的角色。許多校長遭遇困難不能推展理念時，為了避免遭受挫折，抱持「多一事不如少一事的想法」，可能扮演「好好先生」的角色。「好好先生」若僅基於「避害」而裹足不前，當然乏善可陳；然若其能善用策略，在妥協與和諧中，看似軟弱卻可階段性地達成改變組織文化的目的，則研究者認為對此「忍辱負重」的領導作為，值得校長加以深思。校長理念與實踐之間的衝突與校長如何領導學校及其組織文化關係密切。校長運用領導策略影響學校組織文化（Abrams, 1998），並使其角色、理念與實踐之間的衝突與差距縮減至最小，讓閱讀教學的推動阻礙減到最小。所以，領導者必須懂得將自

己的教育理念和特色傳播出去，爭取家長和社區人士的認同及支持，才能確保生存與永續發展（吳清山，2007）。

根據Cheng於1994年的研究發現，校長的領導力越強，學校就越有效能，學校成員之間分擔分享學校的任務、價值與信念的情形就越多，教師對他們與校長之間的工作與社交關係就越滿意，且學校裡的權力階級就越少，教師也較願意參與有關學校政策與資源分配的決策。

綜合以上論點，研究者認為校長在推動閱讀教學時，校長必須發揮教學領導影響力，運用教育理念，明確規劃閱讀課程與教學任務，確保學童閱讀成效，並促使成員接受，表達對組織成員高度的績效期望，提供閱讀教學環境，營造優質學習校園，提供適當的知能激發及個別化的支持，提升並形塑強勢的學校文化，帶領教師成為正常發展有效能的組織團隊，並促進教師專業成長，以落實閱讀教學領導。

校長是否能落實理念有效實踐，存在著理想與現實的差距。校長與同仁之間，因文化背景、扮演的角色、選擇性知覺、認知的一致性等的不同，而有價值觀認知上的差異。校長是形塑學校組織文化的導引者，須深悟教育理念，亦須執行教育政策；須改變學校組織文化，亦須使學校在穩定中求發展；須重視學校組織外在環境的適應，亦須兼顧學校組織內部的統整（張慶勳，2003），校長能秉持教學領導理念，教學革新才能具有成效。

二、人力資源的投入

范熾文（2004）指出面對經濟自由化、國際化以及地區文化特色之挑戰，人力資源被視為組織之最重要資產。人力資源的有效開展，是組織生存與發展之重要關鍵，亦即成員技能、知識、工作

態度對組織而言是最重要的資產。人力資源就是與組織成員有關之所有資源，包含成員知識、能力、態度等。

學校人力資源包括校內的校長、教職員和學生，以及校外的社區。而教師是學校最重要的資源，也是教育最大的人力資本。狹義而言，學校人力資源則指所有教師，包括校長、主任、組長和其他兼任行政的教師、專任教師、代理代課教師、兼職教師以及支援教學工作人員等（林慧蓉，2003）。林明地（2002）認為學校的組成人員，包括校長、學校行政人員、教師、學生、職員、家長與社區居民、上級教育行政機關人員，以及整體的大環境。對於學校組織而言，家長和社區人士是相對於組織內部的外部的人力資源，而組織內部的人力資源為學校的教師、職員、工友和學生，閻自安（2002）認為學校裡的人力資源是指所有組織內的成員，包括行政人員、教師與學生。

根據上述，學者專家對於人力資源及學校人力資源的探討，認為學校的人力資源是指組織內的成員，包括：行政人員、教師與學生，領導者（校長）等。

Richard. E Smith（2001）認為學校人力資源管理意指人是組織中最重要的，特別是對學校而言。人力資源管理主要以關心學校中所有成員及其需求為主，對校長而言，是指做什麼事是對教師最好的；對學生而言，是指做什麼事是對學生最好的。而學校人力資源管理最終目的是在取得學校目標的達成與教師工作滿意度的平衡。面對經濟自由化、國際化以及地區文化特色之挑戰，人力資源被視為組織之最重要資產，人力是資產（assets）而非成本（cost），人力資本從個體經濟角度來分析，如果員工擁有技術、知識、能力，則可視為公司之經濟價值，亦即公司投資員工訓練，則員工才可能提升其生產力，報效公司，公司投資員工愈多，經營

績效愈多（林海清，1999：200；黃同圳，2000：35）。

　　而有關閱讀人力資源方面，臺灣的師資培訓於2001年初步推動，以閱讀種子教師為主，2003年後，則將重點轉至偏遠地區國小及國中，於2009年起計畫建立閱讀種子師資培訓制度及證書制度，規劃初階、中階、高階培訓制度，針對國小低、中、高年級及國中階段不同教學需求，並逐年規劃辦理回流進階培訓課程。另外，2010年起，持續強化圖書教師推動閱讀與資訊素養活動、提供資訊協助教師教學，以提升教師教學品質，學生閱讀興趣，並使之具備自學能力。

　　繼而2008年開始關注家庭人力資源，故推行「悅讀101」提升國民中小學閱讀計畫，整合圖書館、學校、家庭、企業、媒體、社區等各種力量，全面推廣閱讀風氣；重視學生自我學習，培養學生的閱讀習慣與能力；積極推動家庭閱讀教育，透過啟蒙閱讀教育培養學生閱讀關鍵能力；鼓勵學校與家庭攜手共同培養孩子的閱讀能力與習慣，建立充滿書香的社會文化。親子共讀被視為可促進兒童語文能力發展的一項重要家庭活動，是國內外學者關注的研究議題。張鑑如和劉惠美（2011）的研究顯示兒童閱讀態度與家長閱讀習慣、教育程度和職業等因素有關，且適切的親子共讀活動可增進兒童語言能力、專注力、情緒理解等能力。雖然在過去親子共讀並非我國家庭常見的活動，但是近十年來，政府和民間機構大力推展兒童閱讀運動和鼓勵親子共讀，親子共讀在臺灣日漸普遍，無論低中高社經家庭皆有與兒童共讀的情形（康雅惠，2006；游舒婷，2010）。

　　另外，根據彭桂香（2000）提到教育部將2000年訂為全國兒童閱讀年，更催化了閱讀志工團的風起雲湧，各縣市的學校紛紛成立故事媽媽團，致力於將說故事活動延伸到校園角落。全國各地從

南到北，由東到西，國小故事媽媽團可說是如雨後春筍般地紛紛成立，說故事的風氣已成風行之勢。雖然說故事不一定要拿著一本故事書說給兒童聽，但說故事者通常都會以故事書的內容作為說故事的材料，因此，說故事可說與兒童閱讀活動息息相關。若是學校可以成立說故事相關志工團體，相信對於學校的閱讀風氣有正向的幫助。因此，如何經營一個校內的閱讀志工團，成為近年來一個頗值得研究與關心的問題（郭寶鶯，2009）。

從前述可見校長領導方式必須展現多重的角色面向。就是除了法職上的權威外，發現具備轉化領導特徵的校長，都將學生的需求置於其決策的中心，且也顯示校長將提升成員（教師、家長、志工）內在的動機，並建構學校合作性的文化，視教師、家長、社區為教學領導者的合夥者。目前許多校長表現出轉化領導者的行為，但是對於轉變中的相關人力資源領導知識，卻較少觸及與瞭解；新世紀及在急劇變遷的學校文化下，校長領導的作為須有一套有效能的領導策略，才能有推動相關專案和學校願景。

三、經費資源的投入

張莉慧（2009）指出在知識經濟時代，教育是獲得知識的基礎，教育是遠離貧窮的最好方式，而閱讀更是教育中重要的一環，透過閱讀是可以彌補貧富差距的一個較簡單方式，然而偏遠地區資源普遍缺乏，雖有希望閱讀工程、民間各公益團體的贊助與協助，但總非長久之計，政府的支持是必要；芬蘭教育與推動閱讀很成功的因素之一，是政府對市區或偏遠地區孩子所提供之教育資源與圖書資源都是一樣的，縮小城鄉差距，需要靠政府在經費、相關資源上之挹注。

陳宜彥（2015）指出校長閱讀教學領導，需要對外爭取資

源，除申請政府補助或民間基金會協助，亦要妥善運用經費採購圖書與教具、尋求愛心家長協助，結合社區圖書館或在地特色。

教育部自西元2007年起，計劃於五年內編列10億元預算推動閱讀，西元2007年已編列1億5千萬元，西元2008年增為2億5千萬元，這筆預算除購置圖書外，還包括建置閱讀資料庫、培訓閱讀教師、改善設備、扶助弱勢等。另外，教育部自2009年起推動「閱讀植根與空間改造計畫」，協助各級圖書館加強創新服務，改善環境、修繕空間、充實設備及購置圖書資料等，充分建立以讀者為本的閱讀環境。但因為許多經費都要學校擬計畫案、寫方案，導致比較弱的學校，因草擬計畫能力較差，而失去補助的機會（甄曉蘭，2007）。

此外，閱讀磐石評選指標之一「資源整合環境營造」內涵就說明「有效利用現有經費規劃資源共享機制，整合學校、家長及民間團體資源共襄盛舉，增加閱讀教育推廣參與面向」、「建構有利於學生閱讀之學習環境、結合資訊科技進行網絡交流及閱讀活動、提供諮詢及服務」。足見資源爭取及整合，是校長領導學校閱讀績優的重要指標之一。

2005年財團法人九二一震災重建基金會捐贈設立「臺灣閱讀推廣中心」，成立的宗旨是提倡大量閱讀、培養閱讀習慣，讓閱讀活動融入校園，進行扎根工作，提升學生語文能力，增加國家競爭力。該基金會在各縣市陸續設立「愛的書庫」，提供書籍作為老師進行教學之用（臺灣閱讀推廣中心，2016），需要學校主動申請才能取得，成為校長爭取教學資源投注教育最佳例證。

楊士瑩（2011）提到政府的經費挹注並不穩定，如何結合校外資源來解決校內資源，是校長閱讀教學領導一大重點。

所以，學校領導者如何結合政府、學校、家庭、民間等各單位

力量，對外爭取相關閱讀資源、宣導閱讀之重要性，樹立閱讀教學形象及聯繫社區閱讀活動，以建構閱讀的社會，是當前學校校長的重點方向。

參 閱讀教學領導模式「過程」之分析

　　從閱讀教學領導的相關文獻中發現，校長領導雖被視為是改善學生學習成效的重要因素，然而在校長閱讀教學領導實踐上，校長的願景目標、教師教學創新積極開展學生潛能、乃至形塑學校閱讀氣氛的過程機制，皆是校長閱讀教學領導的重要過程。為了更具體釐清校長閱讀教學領導的過程，以下將從願景形塑、策略作法、創新教學等面向來加以論述。

一、願景形塑

　　關於願景形塑，許多學者專家大多偏向認為一位成功的組織領導者，先要建立組織共同的願景，認為發展一個共同分享的願景是組織成功發展的一個重要指標（Kotter, 1996；Senge, 2006）。例如Yuki與Lepsinger（2004）提出成功的組織領導之五種能力，包含建立對核心願景的承諾、強化各組織層級的領導能力、賦權增能給予部屬、強化溝通，以及運用獎勵機制等。Kouzes與Posner（1995）認為成功的領導有五項實務和十個承諾，在第二項實務就提到激發一個共同的願景，包含構思一個崇高和美好的未來，以及將部屬的價值、興趣、期望和夢想，納入共同願景等。

　　Nanus（1992）認為願景領導的過程分為「發展願景」與「願景實踐」，他認為「願景」加上「溝通」等於「共享目標」；願景實踐包含：化願景為行動、決定何時修訂願景、發展願景領導。

Sashkin（1990）為使願景領導的概念精緻化，他提出了願景領導三角形的理念，他認為願景領導包含三個主要構成要素和十大層面：1.願景領導行為（visionary leadership behavior），包含五個層面，即明確領導、溝通領導、堅持領導、關懷領導、創意領導；2.願景領導特性（visionary leadership characteristics），包含三個層面，即自信領導、授權領導、願景領導；3.建構組織願景文化（visionary culture building），包含兩個層面，即組織領導和文化領導。

　　國內學者林建昌（2002）對學校願景發展的實踐知覺之研究結果發現，目前學校教育人員較能認同學校願景形塑階段的方式，但對於願景實踐實際作為方面尚無共識。葉于瑄（2005）指出教師對願景之實踐行為植基於對願景之認知程度，且行政方面是教師落實願景之推手。

　　綜合上述，在社會快速變遷的年代，學校願景應是全校成員所共同努力的理想。然徒有理想性的願景或使命仍不足以自行，必須再行斟酌其適切性，有效傳導以及發展實現願景的活動與措施，始能奏功。領導者欲建構願景作為組織發展的方向，應先探尋組織的意義與價值之所在，落實具體行動策略與規章，於每日的活動中落實之。

二、閱讀教學領導策略與作法

　　校長之教學領導的重要性已與日俱增，Cawelti（1987）認為身為教學領導者必須具備傳達學校的願景、促進組織發展、提供教學支持與監督學習狀況等四個技能。Hallinger（1992）認為校長教學領導是指校長是一位具有課程及教學相關知能的教學領導者，能直接介入教師教學，密切管理與監督課堂教學，整頓學校課程，促

進教學改革並對教師與學生具有高度期望。Blase和Blase（2000）認為教學領導包含七個校長行為：1.提出建議；2.給予回饋；3.形塑有效的教學；4.徵求意見；5.支持共同研究；6.提供專業發展的機會；7.獎勵有效的教學。Bateman, D.和Bateman, C. F.（2001）則指出教學領導的五個重點為：1.定義和溝通學校教育任務；2.管理課程和教學；3.支持並監督教學；4.監控學生進步；5.促進學習氣氛。

相較於國外的研究，國內學者對於要運用哪些策略才能夠發揮或成為成功的閱讀教學領導者，林新發、黃秋鑾（2014）對提升教師專業學習社群互動之策略提出以下幾點建議供參考：1.提升校長教學領導知能；2.建構完善的教師專業學習社群體制；3.形塑教學領導和教師專業學習社群的支持環境；4.營造觀摩學習和對話平臺；5.加強各學科或領域召集人之權責；6.校長教學領導應含括所有教師，並著重教師專業成長和學生學習；7.大型中小學增設副校長負責教學和社群領導工作；8.推動實施教師評鑑與分級制度。顏秀如、張明輝（2005）則提出校長教學領導的策略，應有利於成員創造力發展的組織文化環境，鼓勵且引導成員參與創新活動，藉由知識系統的管理與運作，以系統化的經營策略，使創意得以成形，發展及永續經營之動態發展歷程。張信務與賴國忠（2007）將校長教學領導策略分為六大類15分項，每一項都另外牽涉複雜細膩的實際作法，執行上有其難度，故校長欲實施教學領導，必須能夠抓住要領，提綱挈領的進行，例如學習型組織為核心而開展是透過「各科教學研究會」、「教育實驗」、「行動研究」、「學術交流活動」、「研習進修」、「學習領導」等作法，提升教師教學與學生學習。

張碧娟（1999）指出校長教學領導為校長提供指導、資源和

支援教師與學生在教與學上所採取的有效相關措施與作為，目的在提升教師教學效能與增進學生學習效果，而這些措施與作為會因各個學校的特性而有差異性。並歸納其領導行為為六個主要向度：1.發展溝通目標；2.管理課程教學；3.視導評鑑教學；4.提升專業成長；5.督促學習進步；6.發展支援環境。

高博銓（2002）認為校長教學領導為教育領導的一環，指特定的教育專業人員針對學校或教師之教學作為，進行系統性地監督與輔導，以提升學校教學品質與學生學習效果的過程。其作法有以下六點：1.擬定學校未來的發展願景；2.重新思考學校的學習方案；3.發展以學習為中心的課表；4.組織多元智慧的教學團隊；5.建立適當的教學視導機制；6.監控課程實施的過程。

根據上述各學者的觀點，本研究以多元的角度定義校長閱讀教學領導的策略與作法是為促進學校辦學品質的動態歷程中，所採取的各種直接或間接與教學相關的領導措施與行為，目的在提升教師教學效能、增進學生學習成就並達成學校教育目標。歸納具體策略與作法：1.教學計畫；2.課程方案；3.資源整合；4.多元活動；5.支持獎勵。

三、創新教學

Pink（2006）於《未來在等待的人才》（*A Whole New Mind Moving from the Information Age to the Conceptual Age*）提到，未來的世界是個重視創新、同理心與整合力的感性時代，需要的是高感性（high concept）與高體會（high touch）的人才，而不再只是講求邏輯、循序性與計算機效能的理性分析者。因此，「未來在等待的人才」具有下列六種關鍵能力和態度：1.設計力；2.敘事力；3.整合力；4.同理心；5.玩興感；6.意義感。以此論點觀察教育發

展方向，需就未來人才培育的規劃納入考量，孩子能面對未來的趨勢與挑戰。而Cuban（1986）與Sabo（1992）均指出，校長是否接受過教學領導的專業訓練，將直接影響學校的創新教學品質。

　　基於此，除積極強化中小學校長教學領導者的角色功能，藉此提升教師教學品質，使學生學得更有效；尤其在九年一貫課程實施之後，中小學校長對於課程改革與教學創新，不能如同過去一般置身事外，或漠不關心，因為任何教育改革政策的推動與執行有賴所有教育工作者，乃至於社會大眾，均能成為理念的宣揚者、工作的參與者及成效的評鑑者，才能使教育改革成功。因此，中小學校長教學領導角色功能的發揮，將攸關教育革新的成敗（楊振昇，2003）。鄭淵全、蔡雅茹（2012）也指出學校應審視目前課程、創新教學之策略與作法，重新思考如何提供學生運用想像力的學習機會，以促進學生創造力傾向發展。

　　錢翹英（2004）研究創新教學法對學童閱讀態度的影響，顯示在實施創新教學法後，其閱讀態度都獲得顯著的提升。黃思齊（2004）主要在探討創新閱讀教學的實施途徑與模式，以「比較式閱讀」、「對話式閱讀」、「猜測式閱讀」、「自主式閱讀」、「自主合作式閱讀」、「體驗式閱讀」、「研究式閱讀」等七個具體可行的創新閱讀教學法，為創新閱讀教學拓展出別開生面的局勢。

　　近年，香港「創新閱讀」理念，掀起讀書文化革命。香港學者謝雋曄（2015）指出創新閱讀為讀者帶來各種便利，也能縮短人際、跨越時空距離，故積極發展電子書籍、電子資料庫，像各式各樣的手機閱讀程式，電子書籍創新讀書文化，可用跳躍式態度看書、找資料，能快捷、便利並大量消化書本內容及浩如煙海的信息，但他也提到傳統閱讀仍有其不能取代的魅力。因此，柯華葳

（2008）談到文本閱讀，指出文本閱讀理解可以分為文本理解和深度理解。文本理解指的是文章表面的理解；而深度理解顧名思義指的是：超越對文章本身的認識，也就是超越文本，滲透文章表面而探求隱藏文章背後真意的理解。所以，文本理解可以增長知識，但停留在這個層次的讀者，只是一個資訊的吸收者，僅止於拷貝作者所提供的資訊，無助於知識的創新。

另外，陳淑慧（2004）有關國內圖書館利用教育課程的個案研究發現，實施「圖書館利用教育」協同教學有助於教師專業成長、創新教學，且學生可獲得較多指導並培養解決問題的能力，有助於增進自我學習的能力、提升學習成效。

綜合上述，資訊科技發展日新月異，經濟社會變革加劇，全球化及地球村的來臨使得各國的距離拉近，產生相互的連動與影響。教育旨在提升國家競爭力，培育社會所需之人才，學校領導人必須作適當的因應與改變，激勵教師社群的互動，領導學校教師創新教學，充分發揮創新知識培育人才之責。

肆 校長閱讀教學領導之產出

校長是學校首席教師兼行政主管，校長之領導閱讀教學理念及能力，都會直接或間接影響學校效能、教師教學品質及學生學習成效，因此，以下將探討校長閱讀教學領導模式之成效，包括營造優質閱讀教學環境、提升教師之閱讀教學專業、確保學生學習、家長參與等成效之領導行為來加以論述。

一、營造優質閱讀教學環境

張志明、吳家瑩（2011）曾提出：國民小學教育公平指標

中，圖書、設施布置這兩項是影響學生學習成就的指標之一；可知，一個良好的閱讀環境建置，為提升學生學習成效的重要策略之一。政府近年來雖不斷以閱讀專案計畫，來協助學校改善閱讀環境與空間，但以楊菁菁（2010）的研究中可發現：大部分的國中小教師反映，實施閱讀教學面臨的最大問題，便是校內圖書館的館藏或設備都不理想。這可能是臺灣的國中小學校數太多，資源分配後就顯得不夠。

鄭玟玟（2015）就指出校長如能領導閱讀教學，除了開發校園閱讀風氣，扮演領導閱讀教學的角色；學生除了藉由閱讀獲取知識、促進學習與成長之外；並可讓學生透過閱讀，獲得興趣，豐富生活，也要為他們塑造一個理想的閱讀支持環境。吳春慧（2012）也指出校長閱讀教學領導要改善學校閱讀環境及添購設備，以達到資源運用創新的目的。

鄭玟玟（2015）的研究指出校長領導閱讀教學在影響學校創新經營之「學校管理創新」層面，提到校長領導閱讀教學因素有五個，其中以「發展支持工作環境」之影響力最強。湯志民（2006）提到優質學校（quality school）係指一所學校的課程設計、教學方法、行政管理、資源統整、校園營造和學校文化等所建構的教育環境，能符應或超越使用者的教育、生活和學習需求之謂。

吳清基（2005）則指出優質學校教育領導者提供一個純淨化的優質環境。包括校園和設備規劃，是以學生學習作為核心的考量，提供完善而充足的教育設施、教學設備，支援學生完全學習、讓學生展現優質學習成果；其次，重視校內環境建築設施的乾淨整潔、適度美化，讓學生浸淫在優美、健康、兼具人文氣息和科技設備的校園，這些「潛在課程」必然可以變化氣質，使學生成為文質

彬彬的地球村公民。

　　所以，一位以閱讀教學領導為發展的校長，會利用資源整合、營造閱讀環境之成效，建構有利於學生閱讀之學習環境、結合資訊科技進行網絡交流及閱讀活動、提供諮詢及服務等（卓敏惠，2016）。

　　綜上，營造優質閱讀教學環境，即營造支援性的閱讀相關措施與作為，支持教師之閱讀教學專業，確保學生學習成效之領導行為。

二、提升教師優質教學

　　Hallinger（1992）認為教學領導者是學校教育計畫相關知識的主要掌舵者。校長被期望應具備與課程及教學有關的知能，並能直接輔導教師教學，促進學校改革與教學創新，並給予教師及學生高度期盼，同時有效地管理與監督教師的教學，整合學校的課程方案，時時關心學生的進步狀況。校長對於學校教育的影響，彰顯校長領導的重要性。Pont、Nusche與Moorman（2008）曾提到：校長領導已經成為全世界教育政策的優先議題，他在影響教師工作動機和能力、提升學校教育效果，以及增進學校氣氛和環境方面，扮演著一個關鍵性的角色。

　　陳國生、莊佳樺（2017）專訪教育部國教署署長邱乾國談到中小學校長專業化發展與支持，指出校長教學領導在教育現場較少見，校長若能公開授課促進理解教師教學需求，可形塑校園專業文化。吳春慧（2012）的研究提到校長實施閱讀教學領導，直接或是間接「產生第二促進者」進行閱讀教學領導，確保閱讀教學的課程品質，並增進教師閱讀教學知能。

　　校長領導閱讀教學即校長與學校成員以學校願景為基礎，發展

閱讀教學目標，校長除能提供圖書館及班級閱讀資源外，提供支持的閱讀環境氣氛，也能帶領教師發展閱讀教學課程，帶動教師閱讀教學專業成長（吳春慧，2012；藍美玉，2005）。此外，陳鳳妹（2009）的研究提到閱讀教學領導能提升教師閱讀教學專業能力及學生閱讀學習成果。

洪雯柔（2017）從紐西蘭校長專業標準及其相關應用，提到有幾處可供我國啓發與反思之處，校長應重新定位教學領導與課程領導角色，臺灣跟紐西蘭一樣，校長都出身自教師，而非純粹的行政或管理人員；復因課綱都強調以學校爲本位、學生爲中心的教育發展方向，所以，校長身爲教師與課程領導者的角色便成爲首要之務。

綜合上述學者專家論述，校長閱讀教學領導能促進教師閱讀專業發展、增進學生閱讀學習氣氛。所以，校長應該以教學領導爲領導目標的重心，以行政領導爲領導實施的手段，將閱讀教學領導的具體行動，落實在校長教學領導的各項措施中，發揮其首席教師的力量，統馭整個學校系統的運作，讓學校組織可以發揮最大專業教學的效能，進而爲我國的閱讀教育開創一個更璀璨而美好的願景。

三、培養學生閱讀素養

核心素養已成爲近些年來全球教育界關注的焦點，也引領著各地的教育改革。儘管在不同的地區，核心素養的內涵和特質有差異，但更多是呈現出共同之處（張僑平、林智中，2017）。自2014年初起，教育部與國家教育研究院（簡稱國教院）即陸續發布有關十二年國民基本教育課程（簡稱十二年國教課程）的兩份基礎文件，其一是《十二年國民基本教育課程發展指引》（以下簡稱「課程指引」）（教育部，2014），其二爲《十二年國民基本教

育課程綱要總綱》（以下簡稱「新課綱」）（教育部，2014）。上述兩份文件的重要主軸乃在詳細說明核心素養的意義，具體列出三面九項的核心素養項目，以期作爲後續發展各教育階段、各學習領域課程綱要的基礎，並希望透過課程轉化，能逐步落實於各領域／科目課程與教學之中。因此，核心素養理念的推廣與落實是「新課綱」的改革重點，而素養導向課程與教學設計，更將是未來中小學課程所強調的新特色，有賴教師予以適當地掌握並進行課程轉化。

　　十二年國教課程中的核心素養（key competency）是「一個人爲適應現在生活及面對未來挑戰，所應具備的知識、能力與態度」，指稱的是跨越學科範疇的通用識能（教育部，2014）。蔡清田（2011、2013a）指出核心素養是最根本、不能被取代，且是可學習、可教學、可評量的關鍵必要素養：它是統整的知識（knowledge）、能力（ability）及態度（attitude），是個體基於環境需求、開發潛能與產生社會效益所須具備的素養，面對現在與未來挑戰，能成功回應個人與社會的生活需求。

　　在OECD主導的PISA測驗中所欲測量的閱讀、數學、科學素養（literacy），則是強調「能在情境脈絡中實際運用以發揮功能的學科知識與技能」（OECD, 2005）。這兩種「素養」，前者指稱跨學科的通用能力，後者指稱特定學科領域的能力，但共同強調的都是「在情境脈絡中運用知識、技能、態度以理解和解決問題的能力」。因此，素養導向教學即是在課程設計與教學方式上，透過脈絡化的問題，引導學生運用適切的學習策略去探究問題，從探究歷程中建構知識、技能、態度，並且安排機會讓學生將習得的知能實踐於生活中（林永豐，2017）。

　　林永豐（2014）對於PISA測驗所指的素養，是一種強調功能

性、脈絡化的概念。以語文素養為例,「一個具備功能性語文素養的人,乃能夠參與需要語文的各種活動,以便能在群體中有效地發揮功能」(United Nations Educational, Scientific and Cultural Organization [UNESCO], 2005)舉例而言,在我們所處複雜而多元的社會有許多情況都需要使用語文。一個人即便飽讀詩書,倘若在需要用語文進行表達或是理解他人以溝通時,仍發現有其困難,那麼這個人的「語文素養」仍是不足的。可見PISA測驗所理解的素養是一種「功能性知能」(functional literacy)的概念,是因應實際情境脈絡需要,而能發揮閱讀能力(或數學能力、科學能力)的意思。

參與PISA測驗的國家紛紛依據測驗的結果,檢視自己國家的教育政策與學校的教育,帶給國內閱讀教育的省思。核心素養的落實有賴課程與教學的適當轉化,融入於各領域課程教學之中。素養既非一蹴可幾,因而需要各階段教師逐漸引導、循循善誘,學生的核心素養才有機會從生疏到成熟,而有所提升。

如此一來,學校領導者更是責無旁貸需要發展與溝通校內課程,不只有學科知能的學習,還有跨領域能力的素養,教室裡的教學目標與教材的範疇是否符應了學生未來生活的需求,都是學校領導者需要關注的重點。

四、家長參與學校教育層面

國民教育階段家長參與學校教育事務辦法第七條規定:「家長或學校家長會對學校所提供之課程規劃、教學計畫、教學內容、教學方法、教學評量、輔導與管教學生方式、學校教育事務及其他相關事項有不同意見時,得向教師或學校提出意見。」由此可知,家長參與學校教育的範圍相當廣泛,包括課程、教學、評量、輔導管

教與學生相關事項，家長參與校務的立法，更讓學校的教育品質接受最實質的考驗（蔡金田，2009）。

此外，國民教育法第二十條之二第一項亦規定：「國民教育階段內，家長為維護其子女之權益，應相對承擔輔導子女及參與家長會之責任，並為保障學生學習權及人格權，有參與教育事務之權利。」此觀點，在保障家長參與教育權利的同時，也對其子女之輔導責任做出明確規範。就家長參與學校教育所產生之效益，相關研究均指出家長參與學校教育事務與學校效能具有正相關（李介文，2008；柯燕珠，2010；許森凱，2012）。涂秋英（2008）也在研究推動閱讀教育策略時也提到校長要有多項策略作為，才能讓教學團隊更能凝聚向心力，贏得家長肯定、支持及參與，甚至延伸閱讀到家裡的角落的論述。

綜合上述，國內相關家長參與學校教育的政策內涵已日趨完備，相關研究也指出家長參與學校教育可以有效促進學校效能。但如缺乏明確的運作體系，容易形成家長涉入過深，而產生干擾學校運作的困擾。因此，學校應透過適切的關係互動模式，整合校內外資源，規範學校與家長彼此權利與職責，建立夥伴合作關係，營造學生有效學習的環境。

伍 閱讀教學領導模式的評鑑

閱讀教學領導發展應採取系統化的步驟與流程，並使這些步驟相互回饋，建構即時回饋支援系統，對背景、投入、過程及成效之評鑑，為的是確保課程的品質。茲就評鑑的模式與運用分述如下：

一、評鑑的模式與運用

評鑑模式有不同的分類，但可歸納成四種基本類型：目標達成模式、內在效標模式、外在效標模式、助長決定模式（江啓昱，1993；黃光雄編譯，1989；黃政傑，1987；Stufflebeam et al., 1971）。茲分述如下：

（一）目標達成模式

目標達成模式（goal-attainment model）是最早期的評鑑模式，屬於目標取向的評鑑，也就是把評鑑視為一種目標達成程度的鑑定。如果目標達成，則表示計畫執行成功；若未能達成目標，則表示計畫執行失敗。目標達成模式評鑑的步驟如下：建立組織目標、進行目標分類、將目標轉換成可測量的行為目標、尋找可供達成目標的情境、發展適當的評鑑工具、蒐集表現的資料、評估表現與預定目標差距、判定目標達成的程度。

（二）內在效標模式

內在效標模式（judgmental model emphasizing intrinsic criteria）強調事物內在特徵的評鑑。由於內在特徵不容易量化，因此，評鑑的判斷標準常取決於評鑑者內心的專業判斷。

（三）外在效標模式

外在效標模式（judgmental model emphasizing extrinsic criteria）著重於外在效用的評鑑，史鐵克（R. E. Stake）的外貌模式（countenance model）即被歸類為此模式。外在效標模式需於評鑑前先建構一套評鑑標準，以供評估目前的表現與此標準相符合之程度，符合程度高，即表示成功或良好；符合程度低，則表示失敗或不佳。

（四）助長決定模式

　　助長決定模式（decision-facilitation model）強調應將評鑑結果供決定者參考，以協助其做出好的決定。此模式的主要任務有四：1.敘述：詳述做決定所需的資料；2.獲得：透過觀察、審閱、晤談、測驗、統計等方式，蒐集分析與整理資料；3.提供：綜合整理評鑑所獲得的資料，以最有利的方式提供給做決定者；4.決斷：做決定者依據評鑑所提供的資料，做出最合理的決定，以利於目標之達成。

　　模式中，較具代表性的是史塔佛賓（Stufflebeam, 1971）的CIPP模式。CIPP是背景評鑑（context evaluation）、輸入評鑑（input evaluation）、過程評鑑（process evaluation）、成果評鑑（product evaluation）等四種評鑑的英文字首縮寫。以下就本模式所包含的四種評鑑逐一說明：

　　1. 背景評鑑：是指對被評鑑者的環境背景進行的評鑑，以瞭解其現有環境的優缺點、需求與困難為何、所訂目標是否符合背景環境的需求、表現是否達到應有的水準、迫切需要改進與支援之處何在。背景至少應包括歷史發展背景、現有環境背景、政策背景，以及未來的發展與需求背景等。

　　2. 輸入評鑑：這是對投入所進行的評鑑，以瞭解其投入的質量是否足夠、用心經營的程度、優先順序的得失。投入至少應包括成員建築設備、經費、政策與計畫方案。

　　3. 過程評鑑：這是對實施過程所進行的評鑑，以瞭解運轉過程是否正常而有效率，再回饋給相關人員，以作為改善輸入與過程之依據。

　　4. 成果評鑑：這是對結果或成效所做的評鑑，以瞭解目標的達成程度，並供調整背景、輸入、過程與目標之參考。以閱讀教學

領導成效評鑑為例，閱讀教學領導的目標是在培養具閱讀素養的學生，則成果評鑑即應評鑑學生閱讀素養達成的程度為何。

二、評鑑模式的運用

上述四類模式是可以相容的，並非互相排斥。實施評鑑時，應先依據目標達成模式釐清組織目標，並確立評鑑目標。接著應依內在效標模式與外在效標模式訂定評鑑所用的效標，作為實施內在與外在效標模式的評鑑。兼用內、外在兩種效標模式的評鑑，是較細緻的評鑑。在運用目標達成、內在效標、外在效標三種評鑑模式時，都要採用助長決定模式的精神，兼顧背景、輸入、過程與成果評鑑，並將評鑑結果提供給相關機關學校，以協助各機關學校做出好的決定。

綜言之，校長實施閱讀領導教學，需針對閱讀教學相關活動進行評鑑與改善（吳春慧，2012；藍美玉，2005）。黃秀霞（2013）也認為校長實施教學領導要加以診斷、評鑑，對於校長溝通與凝塑教學目標、促進教師專業發揮、增進學生學習氣氛及營造支持性教學環境等領導作為，及所運用學校資源與管理策略，都要加以診斷、評鑑與改進，以增進學生學習成效，確保教學品質、提升學校整體教學效能之相關措施與作為。

故校長在進行閱讀教學領導時，除了必須正確評估組織內外在的情境因素，扮演適切的閱讀教學領導的角色類型，投入相關閱讀教學領導相關因素，整合閱讀教學領導有利的促動要素，擬訂可行的閱讀教學領導行動策略，進而有效地轉化執行行動策略，落實到學校的閱讀教學領導的推動上，也同時涉及閱讀教學領導本身的內在自我省思及整體效益評鑑。

第 **4** 章

研究設計與實施
—— 建立樂園、畫出理想藍圖

　　本章旨在說明「國民小學校長閱讀教學領導模式」建構過程的實證研究設計與實施，在建構「國民小學校長閱讀教學領導模式」的過程中，除了探討相關文獻外，主要採用焦點團體訪談方法及個案研究，蒐集學校教育實務人員、教育行政人員以及專家學者等不同意見，藉此實徵分析適合於我國學校情境之國民小學閱讀教學領導模式之初步建構。本研究首先透過文獻探討初步建構國民小學閱讀教學領導模式之內涵，因此本章先說明研究架構，其次再說明焦點團體座談方法及個案研究的研究對象與取樣方法，最後說明研究程序、資料分析方式與研究倫理。

　　本章共分六節，第一節為研究架構；第二節為研究對象與取樣方法；第三節說明本研究所採用的工具；第四節說明研究所實施的程序；第五節說明資料處理與分析；第六節說明研究倫理。茲將分別陳述如下：

第一節　研究架構

　　本研究旨在建構國民小學校長閱讀教學領導模式，因此，為達研究目的，首先透過相關文獻的蒐集探討，具體瞭解學校閱讀教學領導的意涵，以及閱讀教學領導模式內涵與要素，這些文獻資料正是建構國民小學校長閱讀教學領導模式的重要依據。

　　本研究透過焦點團體座談與個案研究來蒐集建構國民小學校長閱讀教學領導模式之相關資料，其可分為資料蒐集來源之「焦點團體座談對象」、「閱讀績優學校個案研究」，以及資料蒐集結果之「國民小學校長閱讀教學領導模式」等三部分，形成本研究的概念

架構（如圖4-1、4-2所示），茲將各部分之內容與彼此關係，說明如下。

 第一階段國民小學閱讀教學領導「模式建構」研究架構

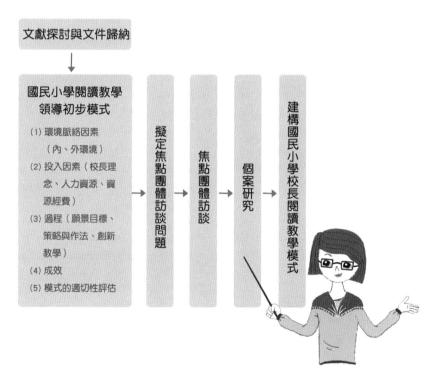

圖4-1　第一階段研究架構圖

貳 第二階段國民小學校長閱讀教學領導個案研究架構

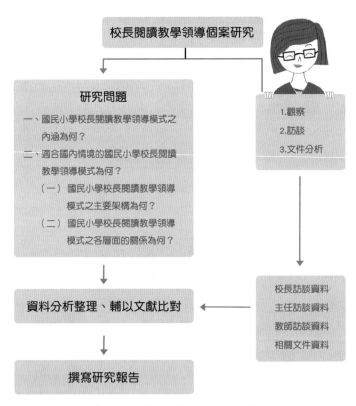

圖4-2　第二階段研究架構圖

研究架構內涵說明

一、第一階段模式建構

　　本研究所建構之國民小學閱讀教學領導模式主要參考CIPP模式之四階段概念而形成，分為背景、投入、過程與產出四個階段，係以校長閱讀教學領導以及閱讀教學領導模式內涵作為研究核心概念。經由相關文獻蒐集與整理，將校長閱讀教學領導模式進行歸納分析，並瞭解校長閱讀教學領導的意涵與學校實施情境，藉此形成國民小學閱讀教學領導模式的內涵架構。各階段實施之內容要素包括背景、投入要素、過程、成效以及評鑑等。

　　綜上所述，在研究方法上，研究者先根據文獻探討結果，瞭解校長實施閱讀教學領導之概念，初步建構研究模式（如圖4-3）。為了修正並建構更適切的研究模式，再進行焦點團體訪談，經由意見分析結果，探討內容題項的適切性與重要性，據此作為修正模式之參考依據，建構符合國民小學現況的閱讀教學領導模式。

二、第二階段個案研究

（一）個案研究內涵

　　個案研究在於探討一個個案在特定情境脈絡下的活動性質，希望去瞭解其中的獨特性與複雜性。通常在於瞭解過程而非結果，因而研究者會著重整體觀點，瞭解現象或事件的情境脈絡而不只是特殊的變項（林佩璇，2000）。個案研究可以說是一種研究策略，選擇單一個案，採用各種方法如觀察、訪談、調查、實驗等，以此蒐集完整的資料，掌握整體的情境脈絡與意義、深入分析真相、解釋導因、解決或改善其中的方法（邱憶惠，1999），亦即個案研

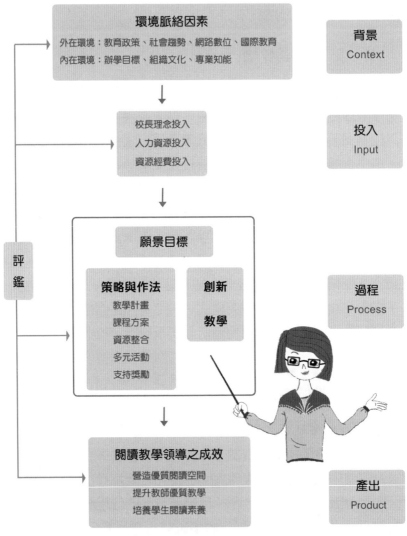

圖4-3　國小校長閱讀教學領導模式建構（初案）

究能幫助研究者釐清特定的真實情境脈絡，達成整體而通盤的瞭解，進一步整合第一階段模式的內涵，建構適切的閱讀教學領導模式。

（二）個案研究探討問題

本研究採用個案研究，目的在於瞭解國小校長閱讀教學領導模式在目前學校之實施現況。

第二節　焦點團體座談設計與實施

本節旨在說明進行模式建構與實徵分析的主要研究方法：焦點團體訪談與個案研究之研究對象與方法。

本研究經由文獻探討初步建構出「國民小學校長閱讀教學領導模式」，為了使模式更兼具理想性與實用性，繼而採取焦點團體的研究方法，希望蒐集與瞭解所建構之研究模式在國民小學的適用性與應用價值，使研究模式的架構與內涵能更符合國民小學的實際情境，增進模式的完整性與周延性，本節主要先說明焦點團體法的設計與實施，茲將焦點團體法之研究對象、研究工具、實施程序、資料處理與分析陳述如下：

壹　研究對象

焦點團體法係邀集團體成員，經由互動與討論來進行意見溝通，因此，成員的同質性愈高，則對話效果愈好。本研究據此進行

焦點團體的樣本選取，共計選取一位在教育行政等領域有授課或專題研究之學者專家，四位在學位進修時或實務工作上對學校閱讀教育有所涉獵或具備這方面知識或經驗之實務工作的校長及主任。合計學者專家與實務工作者共五位組成焦點團體，如表4-1所示。

表4-1　焦點團體成員表

代號	參與者	職稱	專長
20170322A1	孫○麟	教授兼系主任	學校經營與管理
20170322A2	邢○萍	校長	閱讀教學
20170322A3	吳○芳	退休校長	閱讀與寫作
20170322A4	羅○雲	退休校長	閱讀評量
20170322A5	宋○慧	教務主任	閱讀與寫作

貳 研究工具

　　焦點團體座談係以團體的型態，促使成員們針對研究問題或議題進行互動討論來達到資料蒐集的目的。為了發揮焦點團體座談的功能，研究者必須特別重視團體討論的過程、討論內容與主持討論的藝術等層面。本研究所採取的焦點團體座談旨在蒐集與瞭解學者專家與教育實務工作者，對於國民小學校長閱讀教學領導模式的意見與看法，其研究工具包括：焦點團體說明函與焦點團體討論題綱。焦點團體說明函旨在說明由文獻研究所建構的國民小學校長閱讀教學領導模式的內容。焦點團體討論題綱的內容則為半結構式的型態，希望瞭解國小校長閱讀教學領導模式的適用性。

參 實施程序

　　本研究在訪談法的實施程序方面，係經由文獻探討結果後，再進行正式的焦點團體座談。焦點團體座談係在短時間內邀集成員針對研究議題進行互動與討論，以幫助研究者蒐集資料。因此，本研究所採取的焦點團體座談是以專家諮詢座談會的形式來呈現，實施程序包括：首先，選取適合成員，組織專家諮詢小組，完成邀請一位學者專家、三位國小校長和一位主任，共五位。其次，擬定半結構式的討論題綱，針對有關國民小學校長閱讀教學領導模式在國民小學的適用情形擬定數個討論問題，於座談會舉行前二週，寄發邀請函與座談會資料，使與會的專家學者對本研究模式的建構過程與結果有所瞭解。

　　本研究於民國106年3月22日下午17時舉行焦點團體座談會，在座談會中主持人（孫劍秋教授）親切引導參與人員充分討論與發言，避免固定的發言順序，並在參與成員的同意下，於討論過程中以錄音器材完整記錄與會成員的討論意見與結果，歷經2小時左右，順利結束座談。

肆 資料處理

　　結束訪談之後，研究者需針對受訪對象所提出的意見，將所記錄的訪談結果加以彙整分析，焦點團體座談會的內容分析與模式修正情形，將於第五章的研究結果分析與討論加以說明。正式訪談的資料處理與分析流程可包括：訪談資料的登錄、訪談資料的分析與訪談資料的信效度，茲分別說明如下：

一、訪談資料的登錄

　　研究者運用提問與資料比較的方式,來引導訪談內容的概念,使訪問內容更能具體呈現出其屬性與面向。同時,在訪談中以錄音與札記方式來記錄訪談內容,並以開放登錄的方式,針對訪談內容進行屬性、面向與類屬的登錄,然後,製作備份,以利資料分析的運用。

二、訪談資料的分析

　　經由資料的登錄過程之後,繼以內容分析法來進行資料分析,在內容分析部分係採取直接引用受訪對象之意見與看法,眞實地呈現資料。內容分析的過程包括:首先,詳細檢視各訪談對象的轉錄資料;其次,據此發展出分類架構;然後,將轉錄資料依據所分類的架構,進行分類;最後,比較分析資料內容,以選取適合的引用句來表達內容,以便統整出系統化的架構,呈現較眞實的訪談結果。

三、資料的可信度

　　本研究依據研究主題蒐集了閱讀教學領導之相關資料,加以分析、歸納與比較,並據以擬定試訪題綱,蒐集受試訪者的意見與建議,以增加正式訪談工具的信效度,此研究方式與結果的呈現係偏向於質性取向,故採取下列方式來提升資料檢核的可信度:

(一)運用三角檢證法,增加資料可靠性

　　以三角檢證法作爲評鑑準則,結合多方面的探究方法,針對同一現象進行多方比對,以比較各種資料呈現的一致性。本研究將焦點團體座談結果、個案研究、國民小學校長閱讀教學領導的相關文

獻所整理分析之結果，相互比對交叉檢驗，以爲檢核資料可信程度的依據。期能對國民小學校長閱讀教學領導的實施現況有一眞實的瞭解。此方法可避免研究者主觀意見介入太多，提高研究結果判斷的正確性，增加研究的可靠性。

（二）採取受訪者檢視，確認資料的準確性

研究進行期間，必須對訪談資料的準確性進行驗證，將所記錄的訪談資料，交由受訪者來確認，使其認同本研究所記錄的訪談資料，以確認訪談資料的準確性。因此，本研究在完成訪談後，陸續將所記錄的訪談資料加以整理，並寄回給原受訪者予以確認資料是否無誤且詳實地回答了訪談題綱，以驗證訪談資料的準確性，使資料呈現能更符合國民小學校長閱讀教學領導的實際現況。

（三）清楚說明資料分析過程，證明資料的客觀性

爲使研究更具可轉換性，研究者將訪談中運用錄音與札記方式所記錄訪談內容，盡量採取逐字紀錄，詳實地謄錄訪談資料，以掌握受訪者所欲表達的意涵。另一方面，爲使資料分析過程更爲清楚透明，並詳細說明研究者進行資料蒐集、整理與分析過程，再清楚交代訪談資料的分析過程，證明資料的客觀性。

第三節　個案研究

個案研究以質性研究來進行研究，與參與者深度訪談，如同胡幼慧（1996）認爲：質性研究的重點在於學習去瞭解受訪者之經驗和視角。所以樣本的選擇，乃是以最能提供有意義資料的人爲標

準。本節主要說明選擇個案研究之理由、個案研究對象的選擇、研究歷程、資料蒐集的方法、資料的記錄分析與解釋、研究信實度與研究倫理，分述如下。

壹 選擇個案研究之理由

　　質的研究概念相當廣泛，如個案研究、自然探究、俗民誌、田野研究等，都包含其中。質的研究是產生描述資料之研究，包括人們說話內容、寫字資料、可觀察行為表現，以文字形式呈現。所以，質的研究不僅是在蒐集資料，更是接近經驗生活世界的途徑。個案研究是質的研究一種，個案是一個有界限的系統，它是統整的系統，它可以是一個人、一件事、一項方案、一個組織或一個社區。例如在一個學校組織中，研究者可藉研究對象行為形式或活動性質來瞭解系統複雜性與過程性，並運用多元方法探討真實生活現象，總之，個案研究致力於深度的、脈絡連貫的且完整地描述個案（林佩璇，2000；Patton, 1990）。個案研究是探討問題在脈絡中的複雜性，從研究對本身之架構來瞭解行為，較強調現象背後意義之詮釋。本研究採個案研究理由，是希望以質化方法，蒐集更深入、更豐富之個案資料。茲說明本研究採取個案研究的理由如下：

一、就研究目的而言

　　本研究之目的在瞭解學校校長閱讀教學領導理念與實踐，由於研究重點在瞭解校長與教師之人際互動發展歷程及有何影響？這些問題有必要採取訪談及觀察方式，瞭解教師對校長學校經營知覺與感受，才能掌握研究目的。

二、就研究方法而言

學校組織是人的互動場所，外在社會文化、社區環境、細微隨機的事件等，隨時影響著學校組織，如採用單一方法，可能無法掌握研究現場中現象全貌。希望透過個案研究，瞭解學校校長、教師之生活世界與人際互動，增加研究結果廣度與深度（范熾文，2002）。

個案研究對象的選擇

個案學校（後文以A校命名）選擇是以臺北市一所閱讀績優學校為本研究之個案研究。選擇的條件有下列幾項標準：一、個案研究必須榮獲教育部主辦之「閱讀磐石獎」或「教學卓越獎」之任何一項獎項，即列為個案研究；二、學校樂意讓研究者前往「進行個案研究」，亦即有利於研究者進行參與觀察與訪談之研究工作的學校；三、校長在此學校服務必須滿二年以上，辦學績效評鑑良好，縣市政府督學推薦可作為個案研究之學校。在此背景下，研究者先以電話聯繫學校，徵求校長同意後，才列入個案研究對象。

本研究中，臺北市個案A校長所領導的學校，該校於2016年獲得教育部評選的「閱讀磐石學校」，2015年以「繪本『畫』生態，『閱』動在○○」獲Best Education全國學校經營與教學創新KDP國際認證，2014年Inno School全國創意教學KDP國際認證，以「『新』動『閱』躍欲試」科學閱讀的初探及「思考便利貼——對話式閱讀教學」獲優等、甲等成績。

個案A校的活動力在臺北市頗具知名度，申請許多的專案活動，不論是公部門或是民間單位的資源，都會看到該校。個案A校

長現在也是臺北市立大學兼任助理教授、臺北市政府教育局國小國語文領域輔導團主任委員，105年度獲臺北市校長類特殊優良教師，也曾擔任教育部閱讀磐石推手評審。A校長這幾年的主要工作，在於「閱讀教學」的推動，並以國教輔導團主任委員的身分，在校內及市內學校推廣，但成效不得而知。A校長是具有理論、教學實務的學校領導者，A校長所領導的學校，常有專案是以「閱讀」為主題，來貫串學校的各項活動，形成學校特色之一。因此，讓校內老師心悅誠服地接受閱讀教學領導，也是不爭的事實。綜上所述，本研究之個案是一個值得研究分析的個案校長，能讓研究者產生許多省思。研究樣本相關資料如表4-2：

表4-2　研究參與者資料

項目	研究參與者資料
性別	女
個案職稱	校長
學校規模	小學部46班（包括普通班、特教班、幼兒園）
學校類別	一般地區
學生數	1400人
年資	32
現任到職年資	4年
學歷	博士
閱讀教學領導成就	1. 閱讀磐石學校 2. 2015年以繪本「『畫』生態，『閱』動在○○」獲Best Education全國學校經營與教學創新KDP國際認證 3. 科學閱讀獲Inno School全國創意教學優等獎 4. 擔任新北市閱讀滿天星計畫指導委員 5. 教育部閱讀磐石推手評審

參 研究歷程

一、進入現場前的準備

　　在質的研究中，研究者可能對某種人世現象產生興趣，在進入研究現場可能存在一般性問題，但特定研究問題是在現場中持續地辨別、澄清、磋商與修訂（黃瑞琴，1991）。在本研究中，研究者事前已整理相關文獻與實證研究，對於研究主題已有一般性瞭解，但仍保持研究問題的開放性與彈性修正空間，希望經過一段初期訪談與觀察後，再評估研究問題。大體上，研究進程如漏斗式，先廣泛蒐集相關資料，然後逐漸聚焦，確立問題形成（范熾文，2002）。

　　個案研究常以研究者本身作爲研究工具，以順應現場不確定性與多變性，但也要避免個人主觀與偏見而影響研究品質。Yin（1994）就指出，一個個案研究者必須具備某些技巧與能力：1.應該能夠問好的問題，並解釋答案；2.是好的傾聽者，不會受到本身意識型態及先入爲主觀念所限制；3.具有適應性與彈性，所以遇到新的狀況時，會當成機會而非威脅；4.能掌握正在研究的議題；5.不因事前想法而產生偏見，能保持敏感度且能夠回應矛盾的證據。

　　因此，研究者本身的知識背景、相關經驗與專業知能，就是確保研究品質的重要因素。本研究採取個案研究，以訪談爲主，並輔以參與觀察、文件分析等方法。在著手進行研究之前，研究者的教學背景、自我訓練、行政年資等經驗，對本研究均有所助益，以下分別說明：

　　（一）專業課程的研習：研究者在碩士班修習之「教育研究

法」、博士班修習之「質的研究」課程，對於各項研究方法、質化研究理論及實施歷程，均有助益。這些專業課程的學習，奠定了本研究在方法上所需之知識基礎。

（二）行政教學的經驗：研究者自師專畢業後，即進入國小服務。在市區大型學校服務近二十年，歷任高年級導師、學年主任、教學組長、教務主任、輔導主任等教學行政工作。此外，也曾擔任教育部國語文領域中央課程與教學諮詢教師兼組長共七年，現有國小校長兩年經驗，對於國民小學組織運作、教師行為、學校文化等都相當熟悉，這些教學與行政經驗，有助於研究者進入個案研究之歷程。

（三）研究能力的充實：研究者為瞭解質的研究方法曾嘗試研讀有關文獻、書籍與博碩士論文（黃瑞琴，1991；Patton, 1990；Yin, 1994），以增進研究者對此方法之瞭解與體認。

二、進入研究場所

從研究場所來看，研究者是從局外人（outsider）進入研究場所，首要課題則是取得關鍵人的取可（范熾文，2002）。換句話說，必須取得個案校長的同意。由於個案研究學校與研究者服務學校為鄰近縣市，加上研究者與該校校長、主任尚為熟識，在進入研究現場前，校長已表示非常歡迎研究者前往，但為了避免個人主觀與偏見影響，在正式進入研究現場前，仍採取一些評估策略。進入研究現場時，本研究須掌握三項原則：1.要堅持地、勤勉地、持續進入現場；2.保持彈性，隨時運用不同方式或計畫；3.富有創意。

三、角色界定

研究者在個案研究中的角色界定，是相當重要的。角色界定

影響研究者與現場人們之人際互動，同時也影響研究者蒐集資料之深度與廣度。實際上，個案研究者，同時兼具一些不同角色，如教師、指導者、評鑑者、傳記描述者、詮釋者等。作為一位教師，在於傳遞研究者經驗；作為一位評鑑者，主要係瞭解個案與活動品質；作為一位傳記撰述者即在深入探索個案歷史淵源；作為一位詮釋者是說明研究現象與個人主張（林佩璇，2000；范熾文，2002）。可見，個案研究者要有敏銳觀察力及良好溝通，同時需要扮演多重角色。當然，研究者對本身在情境中的角色之知覺，對個案研究影響相當大。因此，研究者在研究進行之中，常反省自己在此情境中究竟應該扮演何種角色？及自我形象為何？雖然與個案研究學校校長、主任熟識，但也向他們表明自己扮演著是後學及研究生之角色，希望與研究對象建立平等互惠關係。其次，研究對象對研究者之角色期望，也會影響研究者本身角色界定，尤其個案學校教職員知道研究者之本職乃是校長，總會有不一樣的態度與期望。但研究者秉持著學習者角色與態度，並運用社會技巧，如微笑、尊重與自然態度，向研究對象請益。因此，大體上，彼此關係尚屬信任程度。總結而言，研究者自省本身角色，在初期是介於局外人角色，但研究進行一段時間後，則偏重觀察者參與之角色。

　　總之，由於研究者本身即為蒐集資料之工具，為避免過度涉及個人價值觀念，維持研究對象之關係。研究者秉持學習之態度，盡量不給研究對象壓力，以一種開放、輕鬆、尊重之方式，讓研究對象表達各項意見。所以在過程中，仍能維持良好關係。這種關係是友善的、信任的及和諧之關係。

肆 資料蒐集的方法

Yin（1994）指出，個案的研究有六種證據來源，分別是文件、檔案紀錄、訪談、直接觀察並參與觀察。一個好的個案研究應盡可能使用更多不同種類資料來源。本研究將訪談、觀察與文件分析列為個案的研究主要之方法技巧。以下分別敘述：

一、訪談法

訪談通常是由研究者的引導蒐集研究對象之語言資料，藉以瞭解其內心世界之想法、態度、價值等內在歷程。因此，訪談之目的係瞭解受訪者的內心世界，找出我們無法直接觀察到的東西或資料。所以，訪談是有系統地蒐集受訪者內心資料（范熾文，2002）。

（一）訪談方式：訪談方式包含正式訪談、非正式訪談等。在正式訪談進行之前，對需要訪談之人、事、物，研究者已事前擬訂訪談大綱，但並不限定單一問題型式（Taylor & Bogdan, 1984）。原則上，研究者會訪問大部分題目。大體上，在研究之初採取非正式訪談，偏於日常生活之訪談，是一種自由、開放、非結構式之方式，透過表情與訪談，來建立與報導人之信任關係。正式訪談是針對特定問題，花兩三個小時、甚至更多時間，針對同一個人來蒐集資料。

（二）訪談之進行：在質的研究過程之中，訪談通常是兩個人，有時包含更多人之間有目的之談話，係由研究者引導，藉以蒐集受訪者之語言資料，瞭解研究對象如何解釋他們的世界（黃瑞琴，1991）。本研究之訪談法係以在試探性研究中所研擬出來之訪談大綱，成為正式訪談之基本指引。

　　首先，研究者先熟悉訪談之意義及計畫，其次，在初步接觸階段，研究者都會親自以面對面方式，徵求其同意，再約定訪談時間、地點，進行訪談。研究者先說明訪談性質、目的，包含研究者背景、研究主旨、學校內容。當然也向受訪者表達尊重其隱私權。在研究過程記錄上，採用匿名，絕不洩露受訪者之姓名，同時所訪問之內容經轉錄成文字稿之後，也會再送請受訪者檢視。

　　（三）訪談對象：研究對象選擇類似滾雪球方式，透過主要報導人訪談，再引介其他同事接受訪談，逐漸加深加廣，以蒐集更豐富資料。首先是透過校長及主任們之介紹，確定熟悉現場之主要報導者，成為訪談之基本人選。為了兼顧受訪者之變異性，盡量也參照依性別、年齡、任教年級、兼任職務等屬性進行訪談。本個案研究之訪談對象一覽表如4-3。

表4-3　個案研究訪談對象表

受訪者	職稱
楊○為	圖書館主任
楊○蒔	教師兼設備組長
蔡○君	家長會副會長、圖書館志工

二、觀察法

　　本研究主要是採取參與觀察。參與觀察乃是源於人類學家所採用之田野研究工作，係在研究社區之中，長時間融入社區人們生活文化，藉參與、觀察來瞭解人們心中的信念想法。所以參與觀察大多屬於非結構觀察，目的是對於社會現象之過程，提供完整且直接之資料，並進行深入地理解（黃瑞琴，1991）。

　　（一）觀察之角色：就觀察者角色而言，可依參與程度之高低，區分為完全參與者、觀察的參與者、參與的觀察者以及完全觀察者四種（黃瑞琴，1991）。此四種參與角色，各有其適用情境及優缺點，由於研究者係屬外來參與身分，所尋求的是局內人與局外人角色之平衡。但也會因應研究時期或情境適度調整角色，希望能進入研究現場之生活世界，同時也能維持研究之客觀理性（范熾文，2002）。

　　（二）觀察對象：理想上，參與觀察的進行，必須和現場中的每一位報導人維持和諧關係，但在田野研究中，合作信任關係是逐步漸進發展，研究者可能與某些報導人無法建立起如此親密關係。故在研究初期，研究者要與少數受到尊敬與熟悉現場的人們建立良好關係（Taylor & Bogdan, 1984）。請校長依前述主要報導人特質，推薦適合名單（范熾文，2002）。

三、文件分析

　　個案研究除了採用參與觀察與訪談之外，文件分析也是本研究蒐集資料之方法。本研究蒐集文件主要範圍，係以在學校公開發行或內部流通之公眾文件為主。資料包含學校位置圖、學校簡介、校刊、校務發展計畫、校務會議紀錄、家長會會議紀錄等等，並依所屬各處室分門別類，予以存檔編號。

資料的記錄、分析與解釋

一、資料的記錄

　　訪談進行主要是以錄音筆為輔助器材，每次訪談，研究者都要

徵求受訪者之同意，才能使用錄音機。如受訪者不同意，則採隨時摘記重點，訪談結束之後，立即記述受訪者之談話內容。訪談紀錄由研究者自行訪問記錄，邊聽錄音帶，邊轉錄成文字稿。訪談紀錄格式，以活頁紙為單面記錄，包含日期、時間、地點、情境，都加以記錄。在活頁紙右邊留下3公分空白，作為研究評註反省之用。例如編號方式「20170407訪行A01」係代表2017年04月07日訪問編號01號行政人員。同時錄音帶也貼上同樣編號，以便日後查核及研究對照之用。

二、觀察紀錄

參與觀察主要利用田野札記，來記錄觀察到之人、事、物，研究者在每次觀察之後，即加以廣泛記錄。由於在現場記錄容易破壞當下情境氣氛，研究者都採事後原則，如某一事件特別重要，會以研究者熟悉代號，先記錄重要關鍵點，俟事件結束後，隨即進行回憶記錄，重組現場景象。有記錄之格式，是採取四孔活頁紙，作為紀錄。以單面書寫為原則，每次紀錄，都要包含日期、時間、地點、情境、主要報導人、現場平面圖，在活頁紙右邊留下3公分空白，以作為針對當時案件之評註或研究者之反省，每次記錄都要加以編號，如「20170428觀校園」係代表2017年04月28日觀察校園紀錄。

三、資料分析與解釋

研究者經過閱覽文獻資料及學校文件分析，並參酌學校實務狀況，擬定訪談題綱。研究者事先與受訪者溝通研究目的，並提供訪談題綱，採個別訪談。訪談對象包括校長、行政組長、圖書館主任、學校圖書館家長暨志工，計訪談4人，觀察紀錄1份，文件分

析4件，省思札記2份，如表4-4，在資料分析方面，首先，進行訪談、文件資料、觀察紀錄、省思札記等相關資料的謄寫與摘記；其次，進行資料的編號及編碼，尋找資料間的關係，進行分析、討論及結果之複核；最後，整合所有資料，並與相關文獻進行對話，資料分析的文本以訪談逐字稿為主，並且適時參照研究摘記，提出研究結論及建議。

表4-4　訪談與觀察紀錄之編碼說明表

編碼	說明
20170322訪校P01	「20170322」表2017年3月22日，「訪」表正式訪談，「校P01」表編號1號的校長
20170407訪行A01	「行A01」表編號1號的行政人員
20170414訪教T01	「教T01」表編號1號的教師
20170407訪志PV01	「V01」表編號1號的學校志工
20170421觀校閱讀	「觀」表參與觀察，「閱讀」表閱讀計畫
20170421領域會議	「領域會議」表某領域會議
20170428觀校園	「校園」表研究對象的校園
20170407省思札記M01	參與觀察省思
20170407文件D1	校長著作、學校內部文件等「20170407」表2017年4月7日，「文件D01」表編號1號的文件

陸　研究信實度

個案研究是對現象作豐富整體之描述，能協助瞭解真實的生活情境。要提高個案研究信賴度，必須兼顧長期觀察、持續觀察、同

僑檢視、三角校正、豐富資料與反省等做法。事實上，在研究之進行，研究者參照上述文獻，採取多種過程來檢核資料之信度與效度（林佩璇，2000）。研究者在研究進行前，確認本研究為合法且對研究參與者無害，接著告知研究參與者研究的主題、目的、重要性及可能之貢獻，徵得同意後才進行訪談；研究進行中更要關注到受訪者之意願與感受，讓其瞭解研究資料只供學術研究之外，並不供其他使用，且資料完全保密，更不會成為校務評鑑之依據。

　　由於研究者到受訪學校對師長進行訪談，可能影響到師長公務與教學時間，為避免占用上課時間，造成對方在談話時快速帶過，或談得不夠清楚，研究者必須配合受訪者能接受訪談的時間，並對其解釋研究結果並非考核個人與學校校務表現，只是提供學術研究之參考。若在研究進行的過程時，研究參與者想要退出時也會尊重其意願與選擇，不予強求並致上感謝之意；研究結束後之資料分析，除了對研究參與者之意見以匿名分析外，內容描述也將盡量保護研究參與者之隱私，不以影射或暗示等方式，不公開其資料，以免可輕易看出或猜出受訪者之真實身分，以將研究對研究參與者之生活影響降到最低。

　　在本研究中，研究者本身並非該校職員，僅站在他者的角度，對運用教師領導理論在教師專業發展評鑑現況進行瞭解，因此對所獲資料可做詳實無偏見之論述，在做資料蒐集與分析時避免加入研究者本身之臆測，更不預設立場。此外，研究者本身應不斷反省自我之主觀影響，發現疑惑時馬上與受訪者相互討論，還需請指導教授在客觀的立場上給予意見，以檢核資料之一致性與真實性。

柒 研究倫理

　　質的個案研究常涉及人的活動，因此研究倫理議題更加敏感。不同研究目的會引導出不同研究倫理議題。進入研究場所階段，取得正式同意是主要任務。資料蒐集階段，進行訪談、觀察或文件分析時，主要倫理議題在於研究者與現場人們之互信關係。資料分析與詮釋，則要注意公正地反應不同觀點與意見。最後，在報告撰寫時要公正公開呈現利益衝突議題，並保護個人隱私（林佩璇，2000：257；范熾文，2002）。

一、研究執行前之倫理

　　進行本研究訪談參與者前必須取得當事人同意，所以執行前先確定訪談時間與地點，以確定其自由意願，必須是自願的。

二、研究執行中之倫理

　　對於研究訪談過程中，避免使訪談對象受到傷害，訪談對象姓名與訪談資料具有隱密性不方便公開，因此對於研究過程取得保密資料應審慎評估。

三、研究結束後之倫理

　　進行本研究時必須注重其隱私權與保密、匿名原則，保證無論在何種情況下均不會暴露其身分與服務機關，必要時酌情刪除敏感資料。

第5章

結果分析與討論

—— 孜孜矻矻、追求完美卓越

本章旨在呈現焦點團體之座談及個案研究的結果，並針對研究的結果與發現進行分析、比較與討論。主要的分析重點包括焦點團體座談會以及個案研究之結果。在焦點團體座談討論方面，係採取座談會的方式，針對初步建構之國小校長閱讀教學領導模式，提供實務上的意見與討論；另也經由推動閱讀績優國民小學校長進行個案研究，針對模式建構的適用性與應用性，提供實務上的意見與討論。最後，在綜合討論方面，分析焦點團體座談與個案研究的結果，進一步就研究發現的理論層面與實務層面進行綜合討論。

 國小校長閱讀教學領導模式的背景

本節主要呈現國小校長閱讀教學領導模式之建構的背景，內文分別分析討論外在環境脈絡因素和內在環境脈絡因素，茲將討論結果分述如下。

 外在環境脈絡

經由焦點團體座談討論與個案研究，與會的學者及個案對本研究所建構之「國小校長閱讀教學領導模式的背景」的外在環境脈絡，多持相當正面與肯定的態度，且提出許多寶貴的意見，茲將焦點座談內容及個案研究內容重點，歸納整理分析如下：

一、國際趨勢

訪談結果發現,與會的專家學者一致提到,對於國際間PISA、PIRLS的閱讀評比,所做的閱讀素養定義在今日是極其重要。也就是根據經濟合作暨發展組織所做的學生基礎素養國際評比定義,閱讀能力愈強的人,愈有能力蒐集、理解、判斷資訊,以達成個人目標、增進知識、開發潛能,並運用資訊,有效參與現代社會的複雜運作(齊若蘭,2002)。正如與會人員所言:

自從有PISA和PIRLS的閱讀評比,閱讀素養已廣受世界各國的關注,而臺灣是最近才開始重視,並且開始加強如何提升學生的閱讀學習成效,確保其學習品質,就是希望提升學生在國際之競爭力。(20170322A2)

從2006年PIRLS的國際閱讀評比公告到現在,看看現今臺灣教育政策,閱讀教學好像變成全民普世的一個價值,開始重視芬蘭、香港、日本、新加坡等國家是如何推動閱讀,可見國際閱讀教育趨勢影響了臺灣。(20170322A3)

臺灣在科學及數學方面的表現都很不錯,相較於閱讀素養仍有很大的進步空間,國際間都重視閱讀能力,我國當然要更努力,才能跟國際接軌,在國際上有競爭力。(20170322A4)

從國際比較的觀點而言,我國因為有國際閱讀評比,所以近年來積極推動提升閱讀相關計畫,在政策方面非常重視閱讀,如閱讀101計畫,閱讀磐石學校、閱讀推手的評選及圖書館改造計畫。

而在教學方面,相關單位亦積極辦理閱讀種子教師培訓,希冀藉由閱讀策略教學引領學童提升閱讀技巧。

由於PISA、PIRLS國際閱讀評比，是根據閱讀理解之不同層次來作評量；因此老師應該精進閱讀教學能力，才不會讓孩子光是閱讀了，而無法讀出文本的深層意涵。（20170322A5）

中國上海的PISA2009已獲得世界第一，中國香港早在2006時PISA就是世界第三。這些歷次PISA閱讀評量結果，都值得我們反思臺灣學生的閱讀素養學習狀況，以及如何精進教師閱讀教學知能，來提升孩子們的閱讀能力。（20170322A1）

再者，與會人員也談及國際閱讀評比，帶動了老師思考平日課後閱讀或為興趣閱讀的相關事宜。

從PIRLS評比，發現我國在閱讀動機部分明顯低落，所以要認真思考如何引起閱讀興趣就很重要，甚至是如何養成學生閱讀習慣，還有讓孩子與閱讀的文本作對話，老師都要去想該如何做。（20170414訪教T01）

因此，焦點座談的校長說：「校長閱讀教學領導的模式之建構，應是現今很重要的領導模式，但背景應是國際趨勢不是國際教育」（20170322A2）。尤其在國際趨勢上普遍認為閱讀教學是跨越各科領域學習（20170322A1）。因此，校長理解國際閱讀的趨勢，在領導上也開始有不同的想法，不會再是傳統的行政領導，如與會人員所說：

模式寫國際教育不是那麼恰當，我認為應該是國際趨勢，不管是PISA或PIRLS，很多國家皆有參與，是一種國際趨勢，表示全球關心閱讀的人愈來愈多。（20170322A1）

　　目前國際趨勢都很重視閱讀，我贊同將國際教育改成國際趨勢，比較符合現況。所以閱讀已成為校長普遍在校務發展重要的目標，但不是喊喊口號，可以參考國外學校，像芬蘭這個國家，學校是如何培養學生閱讀習慣，又如香港，他們的教育政策如何讓學生在閱讀評比上令人讚嘆，教育部、教育局要思考，校長也要深思。（20170322A1）

二、政府閱讀教育政策

（一）中央政府相關閱讀教育政策的推動

　　目前，教育部的政策是以彈性課程或融入國語文領域教學方式進行閱讀教育。以上的閱讀教育政策，受訪者表示這也是策進學校領導者對閱讀教學領導的重視。

　　從我國閱讀教育政策中，教育部的閱讀計畫、閱讀磐石學校，閱讀磐石還有20萬獎金，校長除配合閱讀政策，為了爭取學校的經費資源，就更重視老師的閱讀教學能力及學生的閱讀活動。（20170322A1）

　　以前政府沒那麼重視，課表就沒有閱讀課，現在就在課表直接明訂閱讀課；還有學校就會舉辦激勵學生閱讀的策略，如閱讀百本小碩士，還有辦相關的活動，如交換書；圖書館也變得不一樣，很能吸引小朋友進去閱讀。（20170322A3）

　　以前政府關注在設施和藏書量是否充足，逐漸進化為關注學校閱讀課程架構、老師閱讀教學專業和數位閱讀等議題，所以校長要做閱讀教學領導就要理解閱讀的發展趨勢。（20170322A2）

政府的閱讀教育政策，鼓勵全國國民中小學重視學生閱讀知能，形塑閱讀風氣，深耕閱讀教育，營造學校閱讀風氣。如同個案研究學校成立閱讀推動組織、發展多元活動、進行閱讀相關研究、培訓閱讀師資、參加閱讀磐石學校評選、鼓勵推動家庭閱讀、建置閱讀專屬網站等（20170421觀校閱讀），都可見個案校長對閱讀的重視。

此外，個案研究的校長也直接反映中央政府的閱讀教育政策，會直接影響校長的領導模式，個案研究校長表示：

政府重視閱讀教育，開始增置閱讀推動教師人力，教育部還為閱推教師規劃初階、進階研習，還有回流教育研習，等於說明中央對閱讀教育推動很重視，學校在規劃課程時就會不一樣，校長的領導方式就會不同。（20170329訪校P01）

（二）地方教育行政機關對閱讀推動的重視

地方縣市政府為鼓勵學校重視學生閱讀知能的養成，建置閱讀策略與資源分享的平臺，形塑整體閱讀風氣，爰透過各種評選與獎勵方式，表彰各學校、團體或個人對推動閱讀教育的貢獻，以建立典範。受訪的專家學者對縣市政府的做法持正面觀點。

各縣市政府因為教育部2008年推出「悅讀101計畫」，縣市政府教育局開始有比較完整的閱讀計畫，有了系列性的閱讀理解工作坊、也有圖書館改善的補助。（20170322A4）

閱讀磐石學校的推出，除教育部有20萬獎金，新北市還增加獎勵，特優6萬，優等5萬，這些對學校都很重要。……且閱讀磐石

學校在閱讀教育上是全面性的，內涵包括閱讀環境、閱讀知能、閱讀活動等等。（20170322A5）

教育局也跟教育基金會辦理縣市「典範閱讀教師」徵選，並將各縣市教育局處推薦「閱讀典範教師」所提供教案放在「親子天下」網站，作為閱讀教學範例，表示縣市政府的重視。（20170322A2）

閱讀活動在各國小已經普遍推展多年，但是學校大多是呈現閱讀量大於質的狀況。因此，縣市政府教育局整體性地規劃，也會促動校長在進行閱讀教育發展時，能從願景、專業品質、學習成效作通盤性考量（20170322A4）。此外，個案研究的校長提到「主管教育行政機關，應透過經費挹注，幫助各校改善閱讀教育資源，並提升閱讀教育的推動策略與實施，使得每個學生在教育過程中皆能增進閱讀素養表現」（20170322訪校P01）。而焦點座談與會人員表示：

新北市政府的圖書館改造及營運計畫申請，不是只有硬體圖書館的規劃，很重視後續閱讀推動計畫，也將所有圖書館改造及營運計畫做成成果手冊，可見教育局很重視閱讀推動。（20170322A2）

三、網路數位閱讀

當閱讀的價值受到關注之際，網路及資訊科技的發展，適可提供不同以往的資訊傳播方式與交流管道，如同受訪者所述：「網路數位閱讀其特性可輔助傳統活動，作為閱讀推廣工具」

（20170407訪行A01）。雖然數位閱讀與紙本閱讀的優劣互見，但隨著數位資源愈來愈多、功能愈來愈強，學童的學習環境勢必充斥隨手可得之數位資源，受訪教師提到：「如何引導學童使用內容豐富，並深具價值的數位學習資源，是今日教師必須正視的議題」（20170414訪教T01）。

鄭茂禎（2003）認為網路閱讀是藉助網路的零距離、互動性、開放性與資源的豐富性，使閱讀的廣度無限擴大，並運用網路多媒體的特性，使文字符號不再局限於視覺感受。個案研究的行政主任就說：「網路閱讀多了視覺、聽覺、知覺、想像等多感官刺激與讀者大眾產生互動，有別於傳統紙本閱讀的單向閱讀感受」（20170407訪行A01）。林巧敏（2009）指出荷蘭為推動數位閱讀，特別建置線上閱讀資源共享平臺，由相關單位彙整線上資源；美國規劃線上閱讀俱樂部之方式，設置交流專區，鼓勵讀者分享心得，使讀者之間，或閱讀推動者與讀者之間有充分互動管道。因此，受訪的成員提到：

數位閱讀是不可逆的趨勢，我們如何透過建置數位資源和共享平臺的閱讀推動策略，提供孩子不同的閱讀形式，是目前臺灣要重視的議題，阻止孩子使用網路閱讀，只是讓我們跟不上時代，現在公部門應該要很努力發展這個部分。（20170322A5）

利用數位資源，閱讀不再僅止於平面文字與圖片，將可結合更多影音聲光的素材，閱讀將會有更多的感官體驗，科技發展提供了不同以往的閱讀傳播方式與交流管道，尤其臺灣資訊發展很進步。（20170322A1）

　　新一代閱讀活動不再僅止於平面文字與圖片，閱讀將會有更多的感官體驗，科技發展提供了不同以往的閱讀傳播方式與交流管道。臺灣以資訊科技發展著稱，如何以數位科技協助建立數位內容並建立新的閱讀模式，將有助於新一代閱讀活動的推廣。

　　現在的閱讀趨勢，已不再只有文本閱讀，有時也要透過影音、聲光效果，有不一樣的方式，引發學生學習興趣，有時候網路閱讀也會配上音樂或效果，讀起書來就有不一樣的氣氛。（20170322A4）

　　像火車站的火車時刻表，或公家機關民生相關數據，會在電子版呈現，學生也要學習理解圖表，也就是閱讀不是文字而是圖表的能力，學校的教學不一定非得去車站，但透過網路就可閱讀，校長如果也重視，相信老師會配合多元學習。（20170414訪教T01）

　　陳沛嵐、黃瑄穎（2017）提到圖表在生活中的運用很廣泛，只不過要讀懂圖表內容並非易事。所以「教師的閱讀教學專業就很重要，必須透過教師的引導，方能習得識讀圖表的能力」（20170322A4）。焦點座談的成員則更積極地認為，學校要彙整好的網路資源提供學生學習，所以他的作法是：

　　我覺得政府很努力提供相關網路資源，學校行政單位要懂得連結或積極介紹優良閱讀網站，像均一平臺，提供孩子回家自學，可採獎勵方式鼓勵使用；……還有國外一些不錯的平臺，學校行政可積極搜尋提供參考，當然校長的領導就會直接影響行政的作為。（20170414訪教T01）

四、社會趨勢

　　論及社會大眾對閱讀的重視，與會學者專家和個案研究的受訪者都認為閱讀是全民運動，尤其近年來，政府致力於學童閱讀能力的建設，接續推出計畫、購買圖書，充實全國國中小閱讀環境，這些措施已逐漸喚起學校及社會大眾對閱讀的重視，而與會人員就表示：

　　閱讀是全民運動，教育部辦理許多讓社會民眾參與推廣閱讀風氣的活動，營造全民參與的氣氛，像公共圖書館辦理為孩童朗讀故事，就是邀請家長參與的閱讀活動。（20170322A1）

　　由於社會人口結構改變，銀髮族因對個人健康的關注和退休生活的規劃，所以民間社福團體也推動閱讀成為銀髮族的重要精神食糧，讓閱讀不僅豐富銀髮族的生活，也有助銀髮族閒暇的另一個選項。（20170322A2）

　　近幾年民間機構，對於閱讀活動的提倡都不遺餘力，像我們經常可以看到民間組織舉辦捐書、換書活動，加強好書交流，也有許多團體提供圖書至資源較缺乏的偏遠村落，以期縮短城鄉距離，讓居住較偏遠鄉鎮的民眾，也能享受閱讀的樂趣。（20170322A4）

　　另外，個案研究的校長表示：近年來臺灣讀書會大都是政府推動讓民眾獲得學習管道的方式之一，希望民間力量也能創造一個閱讀環境（20170329訪校P01）；個案研究的家長也指出：

　　以首都臺北市的市立圖書館為例，目前舉辦的讀書會很多，我每週五晚上都會參加。讀書會的型態除了「每月一書讀書會」外，

有依年齡成立的兒童、青少年、成人、銀髮族等讀書會……，社會上一定會逐漸重視閱讀，雖要有成效是一條漫長的路，但將成為一種社會趨勢。（20170407訪志PV01）

此外，焦點團體座談與會的學者對臺灣社會閱讀的風氣，提出了以下意見：

我認為臺灣社會民眾仍缺乏喜歡閱讀的文化，民眾普遍缺乏對「閱讀之價值」的認同，因為閱讀看不到立即的效果，對於現今講究新奇、快速、即時、簡單的消費時代，閱讀相對是緩慢的，這也可以說明鄉鎮圖書館經營上的困境，政府部門更應該思考，如何建構一個喜歡閱讀的文化風氣。（20170322A1）

一個社會閱讀文化的建構是需要長時間努力的，要能在社會上建構出一種讓民眾喜好閱讀的共通感，才是成功的。然而，令人擔憂的是這樣的共通感在目前社會似乎是缺乏的，但它將成為一種趨勢。因此，只能期待社會有心之士，發揮民間的力量，共創為一個喜好閱讀、享受閱讀的族群（20170407省思札記M01）。

內在環境脈絡因素

一、辦學目標

國際閱讀素養表現的趨勢，提供我們對於推動閱讀素養教育的反思與檢核。檢視臺灣學生的學習方式，大多受限於考試方向，使得學習缺乏思考的機會。受訪者認為：「臺灣的閱讀易囿於課文知

識的背誦，知識成為單向的接受，而未能從對話、分享與互動中省思並創造新知識」（20170322A2）。隨時代國際重視閱讀素養，課堂學習模式已不僅於個人自我學習。閱讀理解較高層次的「省思與評鑑」，乃強調學生個人與文本間的互動與省思，藉以實現個人目標、拓展知識與實踐社會參與。因此，受訪者提到：「朝向鼓勵學生廣泛閱讀，將閱讀融入生活中，以助於其能在考試之外，持續透過閱讀進行社會參與，幫助學生充分發展潛能，成為學校辦學很重要的目標」（20170322A3）。

　　校長怎麼讓老師、家長、孩子關注閱讀素養，強調學生個人與文本間的互動，鼓勵學生廣泛閱讀，將閱讀融入生活中，並感受到閱讀氛圍，學校的辦學理念、目標就顯得相當重要。（20170329訪校P01）

　　學校如果重視閱讀教學，就會將閱讀教學的目標訂定得很清楚，我們擔任行政的人，也會將這項納入很重要的行事，也就是說，校長的辦學目標清楚明確，行政團隊、老師就跟著方向走。（20170407訪行A01）

　　閱讀模式架構圖的辦學目標，他不會只是一個獨立的部分，我覺得應該有校長、行政、導師，因為在學校閱讀的發想，他會是一個團隊去執行。目標與後續的發展，需要靠團隊，如果沒有，就無法達到其效能。（20170322A4）

　　學校領導者瞭解國際閱讀素養表現評量之發展趨勢，將精進閱讀視為其辦學之重要目標，「辦學目標就能導引並充實教師閱讀教學知能，以提升學生的閱讀素養」（20170322A5）。因此，受訪

者認為校長的閱讀教育目標,是很直接影響學校成員的,因此提出一些意見:

　　校長的閱讀教育目標,要能凝聚學校團隊的共識、關注閱讀教育專業人力、發展校本閱讀課程架構、落實閱讀理解教學等,全校一起努力,學生的學習表現就會提升。(20170322A1)

　　校長領導全校,告訴我們要報名教育部的閱讀磐石獎,我們就開始朝著這個目標前進,大家將相關資料彙整,發現學校在校長強調的閱讀推展下,確實很有規劃,果然群策群力獲得教育部閱讀磐石的最高榮譽,我們都說拿到教育界的金馬獎呢!(20170414訪教T02)

　　校長很有閱讀的專業,辦學目標也很明確,就希望我們以閱讀開拓孩子的視野,以閱讀帶領孩子有跨領域的整合能力,研究也確實顯示,閱讀能幫助孩子培養許多的能力,所以我們也就開始注意國際閱讀素養的評量方式。(20170414訪教T01)

　　此外,學校在各學習領域會議紀錄中,也將閱讀推動的目標揭示,希望老師依據閱讀推動目標進行領域教學的結合,也擬訂出各學習領域應該閱讀的文本,甚至在國語文領域的評量內涵上,希望依據促進國際閱讀素養研究(Progress in International Reading Literacy Study,簡稱PIRLS)的閱讀理解評量指標直接提取、直接推論、詮釋與整合以及比較與評估等方面去努力(20170421領域會議)。

二、組織文化

論及模式中的學校組織文化，許多學者專家、受訪者都認為學校組織文化會影響團隊的相互合作、追求專業成長的組織氣氛。與會人員就表示：

學校組織相較於其他組織，是屬於競爭性質較低的團體，甚至是趨於穩定及保守的組織，領導者必須先明瞭、洞悉學校文化特性，才能確認該投入什麼，過程中如何引導，所以學校組織文化是環境脈絡中很重要的內在環境因素。（20170322A1）

要建立互相尊重信任、樂於分享的組織文化需要長時間經營，組織文化可能有正、負面功能，並不全然對學校有助益，因此要盡量發揮組織文化的正面功能，這是領導者深具挑戰的領導藝術。（20170322A3）

此外，個案研究中的校長提到，校長到學校如何讓組織文化朝積極正向發展，提出以下看法：

組織領導者的一言一行對成員產生示範作用。因此，學校領導者若要強調其所要的期望或規範，必須以身作則。例如，校長強調閱讀的重要，而校長言行要有閱讀的涵養，則將有助於激發組織文化的向心力，否則表面祥和，事實上離心離德。（20170329訪校P01）

而焦點座談的學者專家提到文化建立其實可以藉由形式上的強化，如與會人員所言：

用心規劃各種儀式與典禮，做組織文化薪傳工作或強化共同信念，例如每次的學生朝會，校長以說故事的方式教育孩子，連結校長是個天天閱讀的人，來勉勵親師生共建閱讀文化。（20170322A5）

每個學校的組織文化不同，身為領導者一定要理解學校文化，才得以跟校內同仁有較順暢的對話（20170322A4），個案研究的教師也認為：「校長如果能尊重我們既有的文化，感覺上會比較親近」（20170414訪教T01）。另外，行政人員也說：「最怕一位校長來以後，完全不知道我們的學校文化，而一心地想推翻我們本來有的而展開新的願景，如能先理解我們既有的條件，並多與我們對話，會像一家人，這樣要推行什麼，成功的機會應該很大」（20170407訪行A01）。

三、校長的閱讀專業知能

論及校長閱讀教學領導內在環境脈絡，許多學者專家、受訪者都認為校長本身的閱讀專業是領導學校以「閱讀」為核心的關鍵人物。與會人員就表示：

校長本身不愛閱讀，就無法假裝享受閱讀的樂趣，也很難鼓勵老師閱讀，甚至讓學生愛上閱讀，很可能因此過度重視閱讀技能和知識，反而扼殺了享受閱讀的美好感受，所以校長的閱讀專業背景很重要。（20170322A4）

如果校長不懂閱讀、不愛閱讀或不以閱讀教學領導……或校長角色的認知或能力不足，這就會影響到學校閱讀發展，也就是校

長的閱讀專業能力或特質是重要的，可以影響教師，所以在閱讀教學領導模式中，校長的閱讀專業應該要放在背景內在環境面向。（20170322A1）

　　就「校長的閱讀專業知能」題項而言，最重要的是在於校長本身專業，直接或間接都會影響學校、教師、家長及學生。正如與會人員所表示：

　　閱讀教學領導模式中，校長不能只有理念，因為他光有理念沒有專業，執行效果也會很普通，所以一定要有閱讀教學專業背景，校長有閱讀專業的背景，當然在執行上就會不一樣，校長有專業，大家執行起來就不一樣。（20170322A3）

　　校長要有專業，帶領大家建構圖像，如課程地圖、環境地圖。一個課程，就會有一個地圖。有橫的也有縱的，那縱的就是各年級要讀什麼，但不會只有語文領域，是跨領域的；橫的就是，各年級的課程裡要有什麼媒材，去促進閱讀，這會直接影響整個學校的閱讀發展。（20170322A2）

　　我們的故事團，有辦理講座，以前這個活動校長只是來當特別來賓，但我們現在的校長一上臺分享時，隨口就分享了很多有關閱讀的專業，我認為這一定是校長本身的知能很足夠才能這樣的，所以我們的閱讀推廣就變得不一樣。（20170407訪志PV01）

　　校長的創新思維來自於他不斷地學習，成員會受其影響，主任就說：「校長對閱讀教學有專業，常被聘為教育部閱讀磐石評審，所以我們如果不懂，可以問校長，跟校長對話」（20170407

訪行A01），教師也認為：「校長很精進，一直不斷念書求學問，以身作則來影響我們，……而且不會用強勢的態度要求老師」（20170414訪教T01）。吳清山（2016）提到學校要培養具核心素養的學生，教師和校長必須具有核心素養作為後盾。教師也認為：「身為校長也要充實自己的核心素養，作為學生的表率，此為培養學生核心素養的關鍵」（20170414訪教T02）。對於校長的專業知能，學者進一步表示：「校長以身作則帶頭學，建立教師專業社群，營造專業對話機會，引導教師反省、批判、改變心智模式，並運用知識管理策略，讓教師學習轉化為專業能力，用於學校教學實務上，並隨時提供回饋」（20170322A2）。另外，志工也說：「……透過校長專業地引導，增進親師合作，這才是閱讀教學領導吧！」（0170407訪志PV01）

第二節　校長閱讀教學領導模式的投入

　　本節主要呈現國小校長閱讀教學領導模式之建構的投入，內文分別分析討論校長教育理念的導入、人力資源的投入和經費資源的引進，茲將討論結果分述如下。

壹　校長的教育理念

　　吳春慧（2012）提到校長「教學領導」的教育理念及價值觀念，要透過形塑學校教學願景、設定目標、統整教學資源、廣徵教師參與、開展教學支持等積極領導作為，才能提升教學品質。所以

受訪者認為：

　　校長在校務會議、課發會、教師朝會或家長會議上，經常提到閱讀的重要性，告訴我們閱讀的重要性，漸漸的，我們開始思考如何做系統性的閱讀教學規劃，所以校長的理念很重要。（20170322A5）

　　校長一來學校就告訴我們他的教育理念，也說到他的願景，告訴我們希望未來打造什麼樣的學校，也廣徵我們的意見，希望我們一起幫助孩子，一起努力深耕閱讀打開孩子的視野。所以，在課程討論時，就多少會記得校長強調的重點。（20170414訪教T02）

　　校長想要抓穩正確的方向，就要有自己的教育理念，要有教育理想，更要發揮專業精神，領導學校教學團隊實施課程、教學改革，塑造學習文化，吸收新方法新觀念，提升教學品質，充實教學內涵，豐富孩子心靈，激發孩童的創新發明能力，培育人才，創造未來。（20170322A1）

　　個案研究的校長有著令人印象深刻的特質，如同閱讀訪視評審意見所述：「校長具有豐富的教育理念和校務發展的前瞻思維，才能有具體可行的閱讀推展策略」（20170414文件D02）。此外，校長常提到他對閱讀的堅持，是因為「堅信，閱讀是改變學校的關鍵力量！因為有書，人生有智慧與傳承；因為閱讀，生命有希望與勇氣」（20170407省思札記M01）。

　　校長是很關鍵的角色，有理念就有想法，有想法就有作法，校長經常在朝會表揚學生閱讀量，也表揚投稿刊登的學生，孩子其實

很清楚，校長的理念，因爲在作法上就很清楚傳達。（20170407
訪行A01）

　　校長把自己定位爲「教育新知、理念的提倡者」，透過各種
方式來分享教育新知和理念，包括：寫文章分享、提供短篇文章
給教師閱讀、晨會進行口頭分享，校長的學養很夠，言之有物，聽
過很多其他的校長稱讚他在閱讀推動上的努力。（20170407訪行
A01）。

　　由此可見，校長領導是一種專業性的工作，深深影響到學校的
發展。吳清山（2016）曾指出有效的領導者，會展現其領導力和
影響力，讓成員瞭解認同組織的願景與任務，激勵成員共同爲目標
努力。領導者的理念、專業、熱情和人格特質，都是構成有效領導
的關鍵因素。受訪的學校成員均一致提到校長的教育理念非常清楚
明確。主任提到：「校長的經歷跟一般校長比較不一樣，跳脫傳統
行政領導的思維模式，比較從大的架構切入，剛開始不大能瞭解，
可是事後都可以印證出校長獨特的見解和看法」（20170407訪行
A01）。老師認爲：「在校長身邊可以挖到很多寶，因爲校長是閱
讀專家，有很多新的東西，可以打開不同的視野」（20170414訪
教T01）。另一位教師也認爲：「校長非常有想法、有理念，會一
直朝著他的想法跟理念去完成」（20170414訪教T02）。

貳　人力資源

　　在教育改革浪潮的衝擊下，學校的人力資源，從校長、主任、
教師與職員，均要依時代趨勢具改革能力，隨時調整腳步，保持彈

性，具備學習新的觀念及價值，以因應新世紀的來臨（范熾文，2004）。與會學者對本研究「人力資源的投入」，多抱持相當正面與肯定的態度，且提出許多寶貴的意見，茲將焦點座談內容與個案研究重點歸納整理分析如下：

一、培養校內成員精進發展

所有資源中只有「人員」能夠成長與發展，並且可因受到激勵進而使輸出更加完整與豐富。針對「人力資源」題項，在發展學校閱讀特色與保持校內成員品質水準如何取得平衡，與會學者專家及個案研究表示：

為確保閱讀教學的課程品質，校長要提升閱讀教學中重要的人力資源素質，誰是重要的人力資源，其實就是參與所有教學的教師，而且不會只是單一個領域，尤其閱讀很容易被歸類為國語文領域，但每個領域都與閱讀息息相關，所以要提供教師閱讀教學專業培訓。（20170322A2）

校長有系列性的安排相關研習，確實讓我們更理解如何幫助學生提升閱讀能力，譬如閱讀後，不會像以前一樣只是閱讀心得寫作，現在比較重視孩子是否理解文本，我個人是認為我的閱讀教學能力有一些提升，但也有老師認為投入與成效不一定會平衡。（20170414訪教T01）

我們學校有申請教育部閱讀推動教師，每年閱讀推動教師有初階、進階研習，我們也經由閱讀推動教師的分享，或定期辦理相關活動，知道閱讀教學其實不簡單，學校除了閱讀活動更多元，我想老師也可以有更多的學習。（20170407訪行A01）

　　因此，學校不是只有甄選、任用人力資源，對於人力資源的發展更是重要的投入，提升了教師專業能力與素質，也進而影響學校整體效能。如同老師所說：「校長平時就很關心成員的心理需求，主動規劃各項訓練協助教師成長，我們感受到校長對於我們的專業成長很重視」（20170414訪教T02）。

　　此外，焦點座談的與會人員，亦提及近年因國際閱讀評比（PISA、PIRLS）的評量內涵受到強烈關注，對發展校內人力資源提出一些意見。

　　雖然政府強調閱讀教育，但從國際閱讀評比，看見學校推行多年的閱讀活動，多在量的提升，學生的閱讀習慣、閱讀能力、閱讀興趣並未相對提升，從學生的學習就可以看見，校長、主任、教師的閱讀教學能力需要提升，學校成員能力提升，學生學習品質就會提升。（20170322A1）

　　故如何協助教師專業成長，做好培育高素質教師的準備，這些管理措施，直接影響到學校整體組織績效之發展。

　　教師的專業成長對學生學習有重要影響，所以學校要安排的專業研習，或者在社群中，如何引導老師看見自己的不足，並可以更努力充實自己的教學專業，我想校長跟老師的對話是很重要的。（20170407訪行A01）

二、校外人力資源

　　對於學校組織而言，家長和社區人士是相對於組織內部的外部

人力資源。學校與家長、社區人士、民間團體等，建立良好關係，形成相互支持的系統，可以營造和諧民主的團隊氣氛，達成閱讀教育願景的共識，共同爲閱讀教育目標而努力。焦點座談的學者專家認爲：

社區人士參與學校重要事務的決策，透過訊息的分享，甚至校長權力下放，讓社區一起參與決策過程，能有效回應家長及社區需要，大家比較有機會一起努力合作，共同提升學校閱讀教學品質。（20170322A1）

家長、志工和社區人士積極參與，可以集思廣益一起推動學校的進步，多數人的智慧代替少數二、三人的決定。教師、家長、社區人士建立夥伴關係，共塑學校願景、提供最佳的服務。（20170322A5）

受訪者認爲「學校運作中有財力、物力及人力資源，其中最難掌控的是人力資源，尤其是外部人力資源」（20170414訪教T01），與地方家長士紳建立良好的互動關係，主動地招呼他們，設身處地爲他們解決問題及困難，外部人力資源自然成爲助力（20170407訪行A01）。

校長很關心學校的圖書志工，會聽我們的意見，而且校長還親自示範他是如何帶領學生閱讀，包括講故事時可以做情境布置，利用道具，或利用不織布做一些道具。志工現在就會想如何努力把閱讀推動得更好。（20170407訪志PV01）

校長本身很重視家長的需求和感覺，這是很重要的。再加上校

長對閱讀的重視，故事團志工就更積極，都會一起支持學校所舉辦的閱讀計畫、活動，就算是假日也ok。（20170407訪志PV01）

余瑞陽（2016）提出學校要與鄰近學校及社區資源共享，社群連結以互相協助，建立學校夥伴關係，實施策略聯盟來提升學校競爭力。正如學校領域會議紀錄，「學校志工經由培訓後，提升了他們的視野，也能跟其他學校的志工學習，知道怎樣協助學校推動閱讀」（20170421領域會議）。個案研究的行政代表談到：「校外人力讓我充分領會，藉由夥伴關係來發揮群組的力量，以團隊的力量來行銷學校，將收事半功倍之效」（20170407訪行A01）。

因此，學校應該投入校外人力資源，鼓勵社區居民樂意協助校務，促進校務健全發展，進而激發師生和社區居民有「學校社區生命共同體」的觀念與行動（20170407省思札記M01）。總之，隨著社會環境之變遷與組織革新發展，人力資源管理目標亦有不同，除了傳統被動支援角色，更要與整體環境結合，引進校外人力協助學校發展競爭力，達到教育改革之目標（20170414省思札記M02）。

 經費資源

一、經費的引進

所謂學校行政，若依吳清山（2000）在學校行政一書中所指出：「學校行政，簡言之，即學校所處理的一切事物；若採以更嚴謹的說法，乃是學校機關依據教育原則，運用有效和科學的方法，對於學校內的人、事、財、物等，作最妥善而適當的處理，以促進教育進步，達成教育目標的歷程。」「人」（即學校成員，如校

長、教師、學生等)、「權」(即各種權力之互換、各項資源之分
配等)、「財」(即學校經費之運用等)所形成複雜的有機體。閱
讀資源最大的問題在於財力資源不足,而學校閱讀活動資源決定於
閱讀人力、物力與財力資源所能供給的量(吳春慧,2012)。校
長除仰賴教育行政機關編列的閱讀經費預算,如何對外進行募捐籌
措經費,以提升閱讀素養教育之實施,使得每個學生在教育過程中
增進閱讀素養表現,是校長領導一大課題(20170322A1)。因此
焦點座談受訪者提出:

> 校長應該要有引進經費的能力,他要去聯絡一些跟閱讀相關的
> 經費資源進來,包括硬體的設施,或者閱讀活動經費……,像我們
> 學校的圖書館除了政府經費,還有民間經費補助,才有現在人人稱
> 羨的圖書館。(20170322A5)

> 新北市很多閱讀經費都必須仰賴計畫申請,經費有局限,校
> 長要能去外界爭取經費協助閱讀推動,才能有更多支援進行閱讀推
> 廣,如改善圖書館、買書、獎勵學生閱讀表現。(20170322A3)

此外,在「增進成員能力」上的經費編列,與會人員提及校長
如何在有限的學校經費上提供支持:

> 校長應進行各項成員能力的訓練及評估事宜,並應編列有
> 關閱讀能力提升的相關經費,而不是只在學生閱讀量提供經費鼓
> 勵,或者只有編列經費買書,老師在能力培訓上很需要經費支援。
> (20170322A2)

> 校長來了之後,因為投入了更多的閱讀經費,我們就有經費進

行有關閱讀的參訪、研習，我們去看一看，聽一聽，知道別人的作法，這對我們未來進行閱讀教學有很大的助益。（20170414訪教T01）

此外，與會成員也表示：「對於現今許多的評鑑，像校務評鑑、訪視或是教育局經費補助，都要求要有成果，成果就會用到原有的經費補助，要看校長如何看待成果要運用多少經費，是否會不平衡，考驗校長經費運用」（20170322A5）。

另外，在學校閱讀相關的建設，除了主管教育行政機關編列固定比例預算，也要開發民間或社區力量，引進經費的持續挹注投入，可以幫助各校改善教育資源，以提升閱讀素養教育之推動策略及實施。因此，與會學者專家就說：

我們在訪視學校時，學校校長、主任經常反映閱讀經費真的不多，還好有許多企業、教育基金會、扶輪社等等有時會提供推動閱讀的經費，所以學校校長除了固定經費編列外，應該還要有跟外界爭取經費的能力，才能適時補足學校閱讀經費之不足。（20170322A4）

我國閱讀教育一直欠缺完善的教育制度和組織行政體制，因此，無論專業人才、經費來源窘境，進而導致閱讀教育不僅難以提升其品質，甚至受到經費預算排擠效應，因而欠缺落實的機會，這時學校領導者就扮演更關鍵的角色了。（20170322A2）

二、教學資源

陳木金（2012）的研究指出韓國、加拿大及芬蘭在閱讀素養教育之推動策略及實施方式探討發現，當學生所擁有的資源愈多，其閱讀素養愈高。學校閱讀軟硬體建設，除申請政府經費補助學校改善資訊設備環境，也要開發民間或社區力量，投入學校閱讀教育建設，以社區募款或企業認養方式，爭取社會資源，學校閱讀環境逐步改善，家長與社會正面觀感與效益產生，社會資源將可持續挹注，可改變長遠只仰賴政府財源的窘境。受訪者就提出：

校長閱讀教學領導要會引進資源，包括軟體、硬體、人力、物力及組織。……就像新北市直潭國小與某基金會合作，引進外部人力及教學相關資源，而且學校經常性地辦理閱讀活動，形塑的閱讀氣氛讓人覺得學校辦學很努力。所以，引進資源是校長很重要的工作，軟硬體都是校長可以去引進的。（20170322A2）

因為校長認識很多人，所以就會把外校資源帶入，像愛的書庫設在我們學校，也是經由接洽引進，學校可以閱讀最新的書，還有書車，還有生態專家帶領孩子閱讀生態，老師、志工們也比較瞭解如何做活動，也會提升跟閱讀相關的知能跟信心。（20170322A4）

另外，現今數位出版與網路資源越來越豐富，臺灣國中小學童幾乎都具備使用電腦的條件，鼓勵學童利用數位閱讀資源的環境已臻成熟，學校能否利用數位閱讀，領導者有其關鍵地位。焦點座談的學者專家提出：

　　現今很多閱讀資源，包含教育部出版的電子書、網路閱讀資源，或是各縣市政府教育局出版的數位閱讀，其實相當豐富，但學校是否會鼓勵，也就是學校會不會引用多元資源，校長就是關鍵人物，有的學校甚至不知道教育部的愛學網，這個網站有很多相關閱讀教學資源。（20170322A2）

　　蒐集教學資源，目的就要幫助孩子學習，所以學校對於這些有別於傳統紙本的資源，能事前評估，確認真的能幫助學生學習嗎？或者教師只是學校宣導我就用，根本沒有充分認知，那效果就不一定會出來。（20170322A3）

　　受訪者認為網路閱讀資源提供零距離、互動性、開放性與資源的豐富性，使閱讀的廣度無限擴大，使文字符號不再局限於視覺感受，進而變成聽覺、知覺、想像等多感官刺激，與讀者大眾產生互動。領導者是否會引進，與會學者提出：

　　數位閱讀內容是多元的、多感官的設計。包括多媒體、電子書、網頁內容、電子郵件、新聞討論群等不同形式的任何數位化文本。在網路上進行即時或非線性的閱讀活動，提供了閱讀資源的多樣性。但這些都跟校長能否支持數位閱讀資源有關。（20170322A1）

國小校長閱讀教學領導模式的過程

　　本節主要呈現國小校長閱讀教學領導模式之建構的過程，內文分別分析討論以閱讀爲中心的願景形塑、閱讀教學領導策略作爲（包括：營造優質閱讀空間、整合校內外資源、提供多元閱讀學習活動和訂定獎勵辦法激勵）、創新教學，茲將討論結果分述如下。

壹　願景形塑

　　羅玉霞（2017）研究指出願景建構階段，校長應領導全校進行SWOTS情境分析，清楚地描繪教育的目標，持續與教師溝通理念且以身作則，帶領走出框架並開闊視野，常常鼓勵建立信心，建構出共同的願景。因此，校長閱讀教學領導的執行過程，首先就要建構共同的願景。受訪者也說到：

　　校長是學校的掌舵者，如果去看教學領導模式，第一個一定是形塑願景，閱讀教學領導模式的具體作爲，在過程中的第一要件就要形塑跟閱讀有關的願景目標方向。（20170322A2）

　　校長閱讀教學領導的角色是願景的建構者、方向的指引者、資源的引進者、教學品質的促進者、協作者、參與者、文化的形塑者、閱讀教學者、閱讀素養的提倡者。（20170322A1）

　　對於初步建構的閱讀教學領導模式中的策略作法與願景的關係，焦點座談的專家學者認為：

　　願景目標在校長教學領導的過程很重要，跟閱讀教學領導的策略作法很相關，所以，我認為要用循環的概念，就是雙箭頭的方式，策略作法隨時回到願景，檢視是否跟願景目標相應。（20170322A3）

　　許麗鈞（2010）提到，校長若以閱讀教學領導為出發點，所採用的閱讀教學領導策略，將會影響一所學校閱讀推動成效；願景連接組織的現在與未來，能激勵部屬，蓄積部屬對組織的認同感、給部屬有意義的工作去做、建立卓越的標竿。此外，焦點團體座談的與會人員提及國小校長閱讀教學領導的過程，對如何讓學校成員凝聚共識並提供支持，做了以下的回應：

　　校長可藉多次開會場合或私下與教師的對話中，清楚表達他自己任期內對於學校發展的定位與計畫，校長的方向、計畫、決策是對準願景作為依據，並對願景有承諾，領導組織成員實踐行動。（20170322A1）

　　不管是校務會議、家長日、計畫報告等等，我都習慣對外說明我領導學校的願景，讓更多人知道我引領的方向，其實目的就是希望大家同心，也依此願景共創學生優質的學習環境。（20170322A2）

　　學校發展的願景很重要，學校組織內有共同的語言及方向，校長也要不斷地對外界說明，學校就有很清楚的圖像，學生家長也會

對學校產生信任感，一定會連帶產生支持，學校的活動就不會支離破碎。（20170322A3）

　　研究者也從閱讀績優學校的文件中發現，學校能推展閱讀有成，在校長的學校經營藍圖很清楚地說明：「一、立足臺灣，放眼國際，是學校發展的目標，透過閱讀可以提升學生的素養，建構學校閱讀課程地圖以增進全方位的閱讀活動，建立學校獨特的閱讀品牌」（20170407文件D01）。

　　可見，學校的願景如同在廣闊大海中航行船隻的指南針，指出方向並使聚在同一艘船上的人們共同參與達成使命（Sergiovanni, 1990）。

貳 創新教學

　　高苙騰（2010）的研究提到校長要促進教師專業成長，形塑校園發展的新文化，是校長教學領導應關注的職責。校長是學校的靈魂人物，對於學校氣氛、教學品質、教育成就有著決定性的影響力（秦夢群，1999；謝傳崇，2010）。因此，校長有權責要領導學校教師提升教學品質，促進教師專業成長。茲將「發展教師閱讀專業創新教學」座談重點整理分析如下：

一、發展專業社群創新教學

　　「掌舵先於划槳」校長確實對學校氣氛、教學品質、學生學習發展有著決定性的影響力。孫劍秋（2013）研究提到閱讀是複雜的心智歷程，為了要保持學生閱讀歷程的流暢，使用創新閱讀策略是必須的。個案研究校長就說：「要提升學生閱讀素養，教師選擇

及善用策略是重要的關鍵因素。」因此，學者專家對於模式中的促進教師專業發展作了以下的回應：

領導者要以身作則帶頭學習，能跟老師討論與規劃教師本位進修，並建立教師專業社群，營造專業對話機會，引導教師反省、批判、思考、改變心智模式，並運用知識管理策略，讓教師學習轉化成專業能力，並用於教學上，並提供回饋機制，不斷檢視修正教學。（20170322A1）

校長鼓勵教師把握機會參加閱讀教育專業成長，推動閱讀教育的教師專業發展評鑑，並營造教師閱讀教育的學習情境及進修意願。這樣子做的話，學校整體閱讀氣圍將會提升，對於創新教學的方式，也能提供具體作法。（20170322A3）

校長的理念與後續的發展，需要靠團隊，如果沒有策略，就無法達到其效能，所以教師的閱讀創新教學，有時是由下而上的，不一定是校長由上而下領導。（20170322A2）

校長要提供教師增能機會，老師不是憑空就會閱讀創新教學，所以一定要透過一系列的培力，讓他知道閱讀教學的新趨向是什麼，像加入數位閱讀，也是一種創新教學。（20170322A1）

校長要跟老師討論PISA、PIRLS國際閱讀評比的趨勢，讓老師開始思考閱讀課的高層次面向、與文本對話，引起老師對專業提升的需求，也可透過閱讀課的備課、公開課及議課，有利閱讀教學能力提升。（20170322A4）

現在學校已經有閱讀教學專業社群，有伴同行學習不孤單。其實，也可以跟他校有策略聯盟的關係，建構閱讀課程共備社群，閱

讀課程進行交流，交換閱讀教學經驗，提供不同的閱讀方式，大家也可藉此有一些新的作法。（20170322A5）

此外，個案研究學校訪談的一位老師提到：「校長常常受邀到其他學校講有關閱讀的研習，也親自帶領閱讀教學社群，確實讓我們閱讀教學觀念不一樣，至於學生學習是否有成效，可能還要再評估」（20170414訪教T01）。

另外，分析個案學校的閱讀計畫，除研擬期望的學生閱讀學習結果、學生的學習評量外，對於教師的閱讀教學專業、教材的文本分析及閱讀評量等，都應有系列性的培訓研習（20170414文件D03）。

吳勁甫（2015）在校長領導、學校氣氛對學生閱讀素養影響之多層次分析研究提到，「確認教師專業發展活動與學校教學目標一致」及「確保教師呼應學校教育目標」這兩個校長領導面向，皆可透過「教師行為」此學校氣氛面向之多層次中介作用，間接影響學生閱讀素養。所以，「發展和提供教師專業知能，是校長教學領導特徵之一」，校長協助教師專業知識系統化，並建立支持環境，營造開放讓老師勇於創新的校園氣氛，形成良好校園文化。換言之，就是營造一所具學習型的學校，讓學校成員對學習有熱忱，不怕挑戰，才能創新教學，有效提升學生學習能力（20170414省思札記M02）。

二、集結家長志工共為創新教學

鄭玟玟（2015）指出校長在校務經營時，若能發揮領導力於閱讀教學，與學校內部人員，包含各處室、教師等，及學校外部人員，包含家長、社區人士、民間團體等，建立良好關係，形成相互

支持的系統，可營造和諧民主的團隊氣氛，達成閱讀教育願景的共識，以達到學校創新經營之境地。所以，焦點座談的學者認為：

　　自從PISA、PIRLS的閱讀評比公布後，家長對學生閱讀能力就更重視，也對老師的閱讀教學專業有所要求，如能趁此機會，校長也在公開場合告訴家長閱讀的發展趨勢，不會只要求閱讀的量，也請他們協助提升孩子閱讀的品質，甚至邀請他們一起參加研習，相信對學校整體閱讀發展應是有利的。（20170322A1）

　　校長一定要鼓勵家長參加閱讀相關的活動，家長、志工就會累積一些社會資本或人脈，家長有社群發展，就能彼此激勵，有相關閱讀專業成長活動就會互通有無，大家一起研習，家長閱讀專業會提升，也會同步改善教學。（20170322A2）

　　鼓勵家長發揮專業，加強宣導學校閱讀教學目標，讓家長瞭解學校的閱讀教學政策，讓家長成為學校的教學助力，進而達到學校創新經營，就如我學校的家長就會以劇團方式演書，讓孩子有創新閱讀的感覺。（20170322A3）

　　讓家長成為協助學校的力量，就要提升家長專業，一旦家長閱讀專業知能提升，一定可以成為教師創新教學加乘的力量，真正成為教育的合夥人，提升孩子的閱讀能力。（20170329訪校P01）

　　此外，學校家長及志工談到對於學校所安排的研習「無論是校內外，對於學校能將研習訊息傳達給我們，甚至有時可以跟老師們一起研習，感到很開心。」（20170407訪志PV01）校長引導行政團隊、教師、家長與學校志工展開行動，一起努力為增進孩子的閱讀能力共同學習，提升成員閱讀教學之專業與學生的學習效益，也

促進學校持續的進步與發展。（20170407省思札記M01）

藍美玉（2005）也指出校長加強宣導學校閱讀教學目標，能讓家長瞭解學校的閱讀教學政策，進而達到學校創新經營。所以，閱讀不只是師生的事，家長的參與才是關鍵所在。吳淑芳（2004）的研究也指出推動閱讀教學需要家長、社區、教師的通力合作，建構教學領導團隊，才能形成由下而上的助力。所以，推動閱讀要有成效，引入家長參與研習，共同學習成長，同步提升家長閱讀知能，是提升閱讀效能很關鍵的力量（20170414省思札記M02）。

整體而言，以目前家長對閱讀教學的推展，在實施上雖然有其局限，但他們願意協助學校有關閱讀的活動，老師也認為在閱讀的推廣上有家長的協助非常好。誠如老師所說：

家長或志工跟我們一起參加閱讀培訓，除了在家可協助孩子多閱讀以外，……也提升他們如何藉由深度提問，瞭解孩子是否能理解文本所說，而且知道不是只有多閱讀，閱讀也要有方法，最終幫助孩子有自學的能力。（20170414訪教T01）

參加教師晨會時，圖書館志工到班級協助閱讀，以前家長只是念讀故事給孩子聽，但現在不同了，他們的社群，會共同討論各種繪本的提問，有時還設計學習單，我們的方式有別於以往。（20170414訪教T02）

受訪的家長也表示參加閱讀培訓後，對於家長配合相關活動補足孩子閱讀能力的方向更清楚。

我以前以為我只能做閱讀活動的工作人員，如排排書、打打字或閱讀活動時按按鈴聲，現在我也能同步協助老師共讀，藉由提問

幫助孩子深思文本，這對我來說是很棒的學習。（20170407訪志
PV01）

 策略作法

一、優質環境

　　黃玫溱和林巧敏（2009）的研究指出環境是左右個人行為之
重要因素，環境傳遞的訊息或與自身的互動，都足以造成有形或無
形之影響。周芷誼（2005）的閱讀環境與學童閱讀態度之相關研
究，指出國小學童家庭閱讀環境、班級閱讀環境與閱讀態度有顯著
正相關。所以，在閱讀推動上，學校的環境影響力不容小覷，塑造
書香學習空間，將能創造學童接觸圖書以及享受閱讀之機會，增進
閱讀素養。茲將「營造優質閱讀環境」座談及個案研究之重點整理
分析如下：

（一）建構有利於學生閱讀之學習環境

　　訪談結果發現，受訪者對於閱讀的學習環境看法有同有異，在
相同處顯示專家學者和校長都指出閱讀學習環境會影響孩子閱讀的
意願，校長閱讀教學領導，就要努力營造優質環境予以支持：

　　傳統式的小學圖書館，大都提供學生借還書，或者讓大家
排排坐著看書，就是很制式。假日時，有的家長寧願帶著孩子去
咖啡廳看書，也不去圖書館。又像誠品書店，雖然是書店，可是
環境規劃很好，可見校長用心規劃圖書館對學生閱讀有幫助。
（20170322A5）

　　學校圖書館內設備與環境應作適當調整，空間通風、燈光柔和，也要重視整體意象、櫥窗布置，甚至圖書館周邊造景，設置公共藝術，最好呈現歡迎讀者的愉悅氛圍。（20170322A3）

　　我們學校的圖書館有主題，整體設計很明亮，我是沒有統計數字，或許我可以開始算一下，但根據我的觀察，學生一下課，會找尋他喜歡的顏色座椅，然後坐下來看書，以前下課只是到圖書館借書而已。（20170322A5）

　　大環境是依社會整體來講，跟我們早期來比較，所謂好跟不好，沒有辦法用一個標準去定位它。……當然我沒有比說是好或不好，……不過，我們圖書館的主題性明確，大人小孩都喜歡，也會感受領導者的用心規劃圖書館，目的是希望營造良好的閱讀氛圍。（20170414訪教T02）

　　情境的布置提升閱讀動機等，導師也可以做，自己的班級教室可以營造，不是只靠學校，也許包括公布欄、書庫、班級閱讀角等。所以我認為圖書館的空間規劃，可分為學校（行政）、班級（教師）兩個層面。（20170322A3）

　　此外，與會的專家學者認為閱讀環境不單只是圖書館，學校的每個角落都可巧思營造閱讀氛圍。與會成員表示：

　　怎麼讓人進到學校就知道學校重視閱讀。這不大容易，但對一個要做閱讀教學領導，打造閱讀的文化氛圍是必要的，可能是閱讀的標語、符號，或是什麼樣的圖像等等。（20170322A4）

　　另外，個案校長任內規劃設計一間有主題特色的圖書館，是

以「旅行」為主題的圖書館，入口處擺放可移動的大型行李箱的展書櫃，作為旅行主題的最佳象徵，內部規劃為五大洲區，以奧運五環的黃、藍、黑、紅、綠五色，中央位置以臺灣在地長成的生命樹延伸到各洲國家，並在牆面寫出期許孩子們都能立足本土、走向世界（2017428觀校園V01）。可以看出校長用心經營規劃學校圖書館，也引領教師、志工們在閱讀角和公布欄的美感設計，校園處處洋溢著閱讀及人文的氣息，也創造生動活潑的閱讀學習情境（20170407省思札記M02）。

整體而言，受訪者多數認為圖書館的規劃設計，是為了營造閱讀的風氣，吸引學生多閱讀，藉由閱讀擴展學生的視野。

（二）圖書館硬體設備、圖書管理系統的架設及館藏的擴充

根據受訪者對於圖書館結合資訊科技進行數位閱讀活動、提供諮詢服務等，及館藏的擴充，受訪者都認為這些對孩子的閱讀學習有幫助。

校長積極爭取經費，除了打造一個明朗、舒適的閱讀空間，圖書館的館藏變多了，新書增加，另也配合活動有主題展，主題書展時，圖書館就會有不一樣的布置呈現，讓學生有不一樣的感覺。（20170407訪行A01）

圖書館硬體設備……，包括圖書管理系統的架設都很重要，學生的學習，已經不是只有傳統的紙本，社會趨勢的發展也朝向電子書，所以學校圖書館的系統就要非常完善，讓孩子可藉網路擴充學習。（20170322A3）

以我們學校為例，圖書館結合社區資源，規劃圖書館功能結合展演場地，社區也會辦理一些相關閱讀活動，整個圖書館瀰漫書香氣息，社區肯定學校多功能圖書館，學校也可獲得家長的支持。（20170407訪志PV01）

不管是九年一貫課程，或者即將推行的12年課綱，……能力指標都提到檢索能力，校長如能關注圖書系統，數位閱讀的資料庫就會充足，也同步協助學生檢索的能力。（20170322A3）

另外，個案研究校長提到近年來電子書由於具備易檢索、便利性、以及方便數位閱讀等特質，很受人們歡迎。如果學校的圖書館能大量提供電子書服務，雖然一開始也許使用率尚未普及，但因為是國際趨勢，學校應該努力發展（20170329訪校P01）。電子書與紙本圖書不同，必須藉由電腦網路與閱讀載具才能閱讀，學校應該想方設法克服載具的困境提供便利性（20170414訪教T01）。圖書館在提供電子書服務時經常遭遇許多困難，如閱讀器不相容、受限數位版權與認證阻擋無法閱讀、下載複雜、讀者不認識與不會使用電子書等，所以學校領導者應瞭解電子書推廣服務的重要，需要針對電子書特色與使用者需求，規劃電子書網站服務與推廣策略（20170414省思札記M02）。

二、整合資源

藍美玉（2005）以一所國小校長閱讀教學領導之行動研究，支持閱讀教學具體作法中，提到校長應整合校內外教學資源，支持教學、妥善運用經費、主動提供教師協助、結合學校社區資源、採購圖書、廣招義工、增設科技媒體、建助教學資源平臺。鄭玟玟

（2015）也指出學校校長必須掌握創新改革的契機，引導創新的方向，有效地整合社會資源，推動行政與教學創新，創造學校的績效。

校長要能整合各種其他活動的專案經費，以達成書香校園的目標。這些專案有的是教育部的專案活動、有的是民間企業等相關單位。校長整合這些專案以閱讀爲核心，發展出學校閱讀特色。（20170407訪行A01）

校長的整合能力非常重要，把四、五種專案整合在一起，告訴老師只做一件，這樣老師就不會覺得怎有辦不完的活動。因此，校長的專案整合能力要很強，一定要統整。（20170414訪教T01）

校長能整合意見，也要整合資源，透過溝通討論，謀求學校共識，才不會看起來什麼都重要，什麼都要做，讓大家無所適從。（20170322A5）

不過，有些專家學者憂心忡忡地認爲並非學校的領導者都能整合資源，所以提醒整合各種資源必須通盤考量。

現在的圖書館的管理要重新思考，過去是讀者來找資訊，現在是要將資訊主動送到讀者那裡，所以校長如何整合社會資源，建構一個流暢的閱讀平臺，校長必須會帶領學校行政同仁、老師去做這件事。（20170322A1）

學校應建置整合型閱讀資源網絡，並連結校外、優質閱讀教育網站等資源，甚至是國外的學習平臺，當然也要篩選，以適合小學生學習爲原則，俾利豐富師生閱讀素材。（20170322A3）

　　另外，專家學者也認為在人力的資源整合上，校長要充分善用教育人力。

　　校長除了積極爭取公部門閱讀資源，也可以整合家長、退休教師等人力資源，共同投入閱讀指導，尤其是學校退休人員，熟知學生的習性，可請他們幫助學校的閱讀活動，例如請他們利用假日或晚上，或者平常上班日，規劃閱讀活動，就像補救教學的風華再現。（20170322A4）

　　個案研究受訪者對於整合資源，提出有關教育局的專案跟社區資源、企業人士教育基金會等補助的整合概念。

　　很多企業界、基金會、大老闆，都想藉由與學校結合辦理活動，提供經費資源，擔任校長不能A來補助，我做A活動，B來補助，我做B活動……，校長要有系統性思維，能不能讓專案具完整性，不然老師會疲於奔命，學習活動效益就會減弱。（20170407訪行A01）

　　閱讀磐石學校評選審查指標之一就有「資源整合」，指標內涵說明：「有效利用現有經費規劃資源共享機制，整合學校、家長及民間團體資源共襄盛舉，增加閱讀教育推廣參與面向。」另外，黃鳳瑛（2004）研究提出校長宜充分整合社區的資源，匯成學校經營的助力，作為學校同仁從事教學與行政工作的後盾。足見校內外資源整合，是校長閱讀教學領導重要的過程之一。如同本研究中個案的校長到校後，主動對外提出申請閱讀專案計畫，不斷整合資源來提供閱讀學習之用，經過幾年努力已具一定規模，能讓學校學生

多元且順暢地進行閱讀學習活動，能獲得閱讀磐石學校，可說是實至名歸（20170414省思札記M02）。

另外，有關資源的整合，個案研究的校長提到：「教學資源需要全盤性規劃，且經由整體考量，較能有效利用資源，提升學校閱讀活動品質」（20170322A1），焦點座談的學者也有人提到有關教學資源投入應注意：

有的學校校長很會要資源，但資源要整合，才能讓資源發揮最大的效益，不然學校成員只會看到校長一下子做這裡、一下子又做那裡，校長知道如何整合，才會讓資源的規劃有整體性。（20170322A1）

資源管理是企業創造優勢之關鍵，因此，學校組織領導者必須掌握學校的校務經營發展，瞭解學校組織運作整體之規劃內涵，進行相關資源的分析，並據此妥善將教學資源善盡其用，及對未來需求做更進一步規劃之基礎（20170407省思札記M01）。

三、多元活動

許碧勳（2001）在探討國小中高年級兒童閱讀習慣中指出，實施「閱讀護照」制度，給予兒童獎勵與肯定，可以提升兒童閱讀樂趣。楊惠真（2007）認為培養學童閱讀興趣，透過閱讀活動進行自我學習，最能符應知識經濟時代的要求。孫劍秋和林孟君（2013）建議閱讀活動，要以學生為中心設計教學活動，讓更多學生參與、討論與思辨，並建議教師在教學課程設計時，讓閱讀能力真正落實在閱讀教學活動上，才能有培養學生高階思考素養。由此可知，學校要「有系統」的課程設計且規劃閱讀活動，使閱讀不

僅是一堆活動，而是提升學生的閱讀動機，進一步養成學生的閱讀習慣，並促其閱讀素養的提升。

　　配合學校課程的設計，學校積極推廣各項閱讀活動，每個月都有主題書展，假日也有親子閱讀活動，班級也配合學校圖書館所舉辦的活動，期能全面提升閱讀風氣與提升學生閱讀能力。（20170407訪行A01）

　　校長就很支持學校志工辦理相關閱讀活動，但要跟學校行政討論。行政也會提供很多協助，像這次主題書展是以原住民為主題，美勞課就有配合做一些圖騰的課程。所以圖書館辦活動，某些課程就會做相關結合。（20170407訪志PV01）

　　圖書館會舉辦說故事活動，就是寒假後的開學，學校辦搶頭香……，讓學生分享故事，校長還親自上場說故事，為孩子朗讀故事，這些都增進學童對閱讀的興趣。（20170414訪教T01）

　　現在很多學校都在晨間實施晨讀10分鐘或20分鐘，有時是共讀，有時是選擇自己喜歡讀的書；還有辦理「與作家有約」，都可以激發孩子閱讀興趣及習慣。（20170322A3）

　　林巧敏（2008）指出美、韓等國在推動閱讀活動時，更重視親子共讀，提出親子愉悅閱讀計畫、家庭閱讀夜活動等。王怡茹（2007）提到北歐教育重視培養學生的閱讀興趣，比如學校從小學一年級就開始有「圖書館時間」，內容不是教「怎麼閱讀」，而是讓學生自己找喜歡的書來閱讀。因此，校長閱讀教學領導的意義，除了能提供圖書館及班級閱讀資源外，主要仍是帶領教師正視閱讀教學的重要性，讓教師能發展閱讀教學課程，設計創意教學活

動，落實班級閱讀教學，相信必能培養兒童閱讀興趣，提升閱讀教學成效（20170407省思札記M01）。

四、激勵獎勵

激勵係引發、推動使做某事，亦即引起動機；獎勵包括物質的，也包括精神的，有時物質和精神兩者合一的。與會成員對於建構「激勵獎勵」，多抱持相當正面及肯定的態度。

（一）讓成員與組織有生命共同體的感覺

首先，與會人員認為成員跟組織建立起「生命共同體」，成員才能對組織有高度的認同感，也會激勵成員更正面積極支持學校。故與會成員及個案研究受訪者提出一些意見：

要讓成員對學校有歸屬感，認為自己是學校的一分子。對於目標、願景的建構，自己也可以貢獻一分心力，這就是激勵。有時家長參與會被認為干預學校活動，其實不是的，我們也很希望服務學校，讓學校各方面都更好。（20170407訪志PV01）

校長會參與我們的領域會議（國語文領域），其實校長是各領域都會去，老師都認為校長很關心我們的意見，常常鼓勵我們夢想要遠大，有時候我們覺得不可能實現，但校長就是會激勵我們，並陪伴我們實務操作，我們的士氣就提升（……怎麼量化我也不知道？），讓我們對組織有認同感。（20170414訪教T01）

學校在外面有不錯的成績，我們也覺得驕傲。我們是閱讀磐石學校，我就覺得是大家把學校的目標也當成自己的目標，對學校有歸屬感，我們對學校要做的事都很支持。（20170407訪行A01）

　　校長常常要利用各種管道跟組織成員表達，傳達校長、行政對教師、家長的支持與鼓勵，也可隨時聽取家長的需求，以採取必要的改善措施，是生命共同體就會一起打拚。（20170322A1）

　　將組織視作一個家庭，既然視為家庭就要用心經營，營造成一個人際關係與社區關係良好的環境，讓成員獲得鼓勵，隸屬感得以獲得滿足（20170414省思札記M02）。

（二）提供實質的獎勵

　　人都有尊榮感及成就感的需要，如同與會人員及受訪老師都正面肯定並支持提供成員成就、獎勵的機會：

　　學校的資源雖然有限，但對學校成員花時間努力支援協助學校計畫、活動等，校長除依其學校獎勵方式鼓勵，譬如105學年度學校參加閱讀磐石學校發表，參加發表者，除了計畫中的敘獎，公開的表揚以及給予實質上的獎勵也是有必要。（20170414訪校P01）

　　學校獲得閱讀磐石過後，校長分享閱讀時，都會提到這分殊榮是同仁一起努力獲得的，甚至還讓我們在校內外分享我們的作法，還提供講師鐘點費。也不是因為鐘點費的關係，是以前都是在學校默默做，今天竟然有機會去分享給別人聽。（20170407訪行A01）

　　很多學校都設有閱讀小博士、閱讀小碩士、閱讀達人等認證制度，其實目的是為了鼓勵學生閱讀動機，提供完成閱讀的成就感，甚至有學校也有辦理閱讀一學期閱讀滿50本，可以跟校長喝下午茶，有的是給獎金，都是獎勵孩子閱讀行為。（20170322A4）

　　像我們學校除鼓勵孩子閱讀外，也會鼓勵孩子進行寫作投

稿，尤其獲得刊登的孩子，作品可以讓更多人看到，心裡的成就感可想而知，另外，學校也頒給孩子圖書禮券，是實質鼓勵。（20170322A2）

人力是學校的重要資產，學校效能是否能充分發揮，學校是否能永續經營，均有賴學校激勵獎勵學校成員，才能有高昂的工作士氣。所以，對於滿足成就感，激勵工作成就感及實質獎勵是不可或缺的作法。（20170414省思札記M02）

第四節　校長閱讀教學領導模式的成效與評鑑

本節主要呈現國小校長閱讀教學領導模式成效與評估，內文分別分析討論以國小校長閱讀教學領導成效和國小校長閱讀教學領導模式評鑑機制，茲將討論結果分述如下。

壹、國小校長閱讀教學領導的成效

閱讀教學領導模式，校長積極扮演閱讀教學領導角色，運用策略做到發展與溝通教學目標、確保課程與教學品質、促進教師專業成長、發展支持性工作環境、增進學生學習氣氛，希冀協助教師教得更好、學生學得更成功。

一、教師教學品質提升

　　校長閱讀教學領導，主要仍是帶著老師正視閱讀教學的重要性，讓教師能發展閱讀教學課程，設計創意教學活動，落實班級閱讀教學，目標在培養學生閱讀興趣，提升閱讀成效。

　　臺灣自2000年起進行課程改革，並積極推動閱讀教育，也因著政策、校長重視，教師的專業提升。如果校長擁有閱讀教學專業，就會更直接影響老師的教學內容。（20170322A2）

　　校長如果理解閱讀素養涵養，在巡堂時，就會關心課堂中的誰是主角，例如有的老師仍要學生只是寫閱讀心得，這樣的作法，學生依然被動學習，相對地，就會重視關注學生學習動機，採取閱讀理解策略，當然閱讀教學品質就不一樣。（20170322A4）

　　校長重視閱讀就會辦理閱讀專業培訓，老師在教學課程設計時，會進行文本分析，將閱讀核心概念的課程指標明確掌握，能有脈絡地進行概念的釐清與思辨，讓閱讀能力指標真正落實在閱讀教學上。（20170322A5）

　　OECD指出閱讀能力愈高的國家，國民所得愈高，其國家競爭力也愈高。換言之，國民閱讀水準高低，深刻影響國家經濟表現和社會發展。教育部參考國際閱讀協會（IRA）所設計之閱讀師資課程，規劃辦理閱讀師資培訓，課程內容包含閱讀基礎、閱讀理解評量、閱讀測驗題目編製、閱讀策略（閱讀社群建立、討論引導）、閱讀環境布置等，分階段培訓教師，讓教師認識「高層次閱讀命題」之方式與技巧。校長能以閱讀教學作為領導教師，教師的教學品質自然有所不同（20170414省思札記M02）。

二、學生閱讀素養提升

　　PIRLS在2006年的報告反映出臺灣學生的閱讀表現在高層次思考能力尚待提升，並提出「提取訊息」、「推論訊息」、「詮釋整合」、「比較評估」的閱讀理解思考層次，以及加強教師重視詮釋閱讀理解歷程教學的建議，共同提升學生的閱讀能力。因此，提升學生閱讀素養，已經成為臺灣教育關注之重要議題。而孫劍秋（2013）指出引導學生善用各校圖書資源並且規劃閱讀課程及活動，強化學生閱讀多元文本興趣的培養，都有助於臺灣學生閱讀素養能力的提升。

　　談校長教學領導，就要去思考：是透過校長去影響老師，老師再去影響學生，這是一個間接的路線，那當然還有一種可能是校長會直接影響學生，讓學生感受到校長是很重視閱讀的，這也會直接影響到學生的閱讀學習等，學生的閱讀素養就真的會提升。（20170322A1）

　　當時我在學校很全面性地重視閱讀，學生在閱讀能力檢測中，明顯在高層次的閱讀理解能力上，如詮釋整合、比較評估的向度是有提升的。（20170322A4）

　　學校透過多元的閱讀活動，確實讓我的孩子比較有閱讀興趣，在閱讀後，會依文本的訊息，說明文本內容的含義，不會像以前一樣，沒什麼根據。（20170407訪志V01）

　　國際閱讀評比PISA試題的設計著重在應用及情境擬態，強調問題解決能力、跨學科領域知識的整合、高層次思考、著重閱讀理解並尋找有用的解題線索、重視表達和溝通的能力及與生活情境結

合（江芳盛、李懿芳，2009）。因此，校長如果能重視閱讀學習素養取向，就能重視學生受教品質，重視學生受教品質，學生學習能力就會提升（20170414省思札記M02）。

三、家長參與正向積極

就整體學校而言，多數學者專家均表示，校長以閱讀教學領導模式，會讓家長更熱心積極參與學校活動，他們認為：

如果大部分家長都非常認同這所學校，就會共同珍惜這所學校，校園因為閱讀風氣很盛，就可讓重視閱讀教學的家長進到學校，並積極參與學校相關活動。（20170322A1）

以前以為參加圖書館志工，只做借還書，可是現在不同，除了借書還書工作，還可以參與規劃閱讀活動，充分感受校長認同我們，感受家長、志工也是學校的一分子，我很願意參與學校所辦理的活動。（20170407訪志PV01）

另外，個案研究的校長對「家長樂於參與學校閱讀活動」題項，也提出以下意見：

我們安排一系列志工閱讀研習，一開始參加的人數很少，只有幾位而已，現在你們看，連假日的閱讀研習，都來那麼多人，家長、志工知道我們對閱讀的重視，也看見孩子的進步，⋯⋯發現家長樂於參與學校閱讀活動。（20170329訪校P01）

至於本題項中談到「樂於參與」，專家學者對於如何評估家長

是樂於參與，提出以下看法：

本題項校長要積極扮演發展支持性的角色，所以應該對於來校服務的成員，提供積極性的培訓，甚至激勵他們為學校服務，肯定他們參加研習，但這樣的歷程應該建置回饋系統，知道這過程中他們對於學校活動的支持度，就可納入是否「樂於參與學校閱讀活動」。（20170322A4）

「家長參與」是潮流所趨，身為基層教育工作者，一定要體察此一時勢，不但不應排拒，更要進一步地歡迎並協助家長的參與，以匯聚更多關懷教育的力量，並將此力量導入正面、積極的方向，以協助各項學校教育活動。同時擔負起營造社區文化的教育使命，促進家長知能的成長，塑造成為充滿教育意義的教學園地，以期能借力使力，因應時代變革，共同提升教育的品質，創造學校與社區雙贏的局面。（20170414省思札記M02）

國小校長閱讀教學領導模式評鑑機制

焦點團體的座談內容及個案研究受訪者，對本研究模式的評鑑機制提供許多的意見與建議，並提供採內、外部評鑑之參考。茲將說明如下。

一、內部評鑑

內部評鑑係指由本機關內部人員辦理的評鑑，而內部評鑑人員可能比外部人員更能瞭解方案的內容、人員、組織文化與決策型態等。與會人員對於學校內部評鑑提出一些意見：

　　實施閱讀教學領導，就應評鑑是否有效益，建議先進行內部評鑑，一來可降低閱讀教學領導者的威脅感，評鑑者是學校成員，彼此有同儕關係，這樣就較不具威脅性，也可直接針對問題探討及修正。（20170322A3）

　　先做內部評鑑較能洞悉學校的問題與需求，並能深入瞭解學校執行上的複雜性，評鑑的同事及相關人員可以良性溝通，並獲得積極回應，且較容易取得評鑑所需資料。（20170322A1）

　　可以把內部評鑑當作是自我評鑑，算是形成性評量，隨時掌握學校閱讀發展的趨勢，在校內能隨時跟老師討論社會的期待、國際的趨勢，讓老師知道為何重視閱讀教學領導。（20170322A1）

　　在外部評鑑前，學校內部也可以自我評鑑，可先看見內部的困境，需要投入什麼，可以請學校同仁共同討論，當外部評鑑時，也可將面臨的困境提出，請求專家學者的協助。（20170322A4）

　　但對於內部評鑑，焦點座談與會的學者專家也提出他們的憂心與建議：

　　內部評鑑成員，他的評鑑專業知能，可能會受到質疑，是否有公信力，能不能客觀評析，會不會因同儕相處的熟悉度，而無法客觀看待模式的完整性，這些都會一一被檢視。（20170322A2）

　　評鑑時要將問題真實呈現，提供具體建議，在做內部評鑑時，在質量上應要同時呈現，避免過度推論，這是評鑑上很重要的內涵。（20170322A1）

另外，個案研究的校長對於校長閱讀教學領導模式的內部評鑑，提出以下看法：

內部評鑑等於是學校先行自評，有助於領導者檢視閱讀教學領導的實施情況，並可以藉由內部評鑑進行修正，可視為形成性評量。（20170329訪校P01）

二、外部評鑑

外部評鑑是以校外人士、專家學者，來擔任評鑑人員。或是由校內委託校外機構來進行評鑑，亦即邀請外部人員參與評鑑工作，大都反映較具客觀性、專業性及公信力。而專家學者對於外部評鑑指出：

教育局對閱讀發展是很重視，辦理很多相關閱讀計畫申請，其實教育部也是，所以不單是教育部有訪視，教育局也有訪視，還好近來已進行整合，現在的閱讀訪視由教育局派聘任督學協助處理。（20170322A3）

我退休後經常到各校進行閱讀訪視，教育局有訂定訪視指標，我們依據這些指標去看校長如何領導學校成員進行閱讀推動，所以，提供意見時比較不會有包袱。（20170322A4）

內部評鑑就好像是自評，而外部評鑑是以外部眼睛看待學校的閱讀發展，有時也會提供其他學校的作法，而且委員的建議，其實是可以讓學校內部成員知道還有努力的空間，這對校長領導是很重要的。（20170329訪校P01）

　　不過，就國小校長閱讀教學領導的外部評鑑的方式上，與會的學者專家及個案研究行政人員也提出學校對閱讀訪視的意見：

　　新北市閱讀訪視內容共五大項，輔導及訪視指標應該有30個左右，因爲我也是訪視委員之一，很清楚相關內容，每次訪視都有琳瑯滿目的資料要看，還要訪談，跟校務評鑑其實很像，但對以閱讀教學領導的學校來說意義不一樣。（20170322A3）

　　委員每次都說藉由訪視瞭解我們的努力（很多委員都這樣說，哈哈，是安慰的話語吧！），但真的還是要說外部評鑑壓力比較大，希望不要那麼複雜，也能看見閱讀教學領導的作為。（20170407訪行A01）

　　對於閱讀教學領導的評鑑，對於學校是否有正面效益與會學者專家也提出了一些意見：

　　有時校長太過於重視評鑑結果，導致準備資料時，大家人仰馬翻，如果評鑑結果是好的，那麼大家就皆大歡喜。但反之，如果評鑑結果不好，常常淪為承辦人不努力，而忘了如何改善、修正或調整。（20170407訪行A02）

　　外部評鑑的評鑑結果，最常被質疑的是委員對學校內部不瞭解，無法體察學校的背景，或者學校的整體性其實是進步，但評鑑委員無法深入理解，因委員只在這個時間看到成果，忽略學校的長期發展歷程。（20170322A5）

　　因此，國小校長閱讀教學領導評鑑，比較適合的實施方式「兼

採學校內部評鑑與外部評鑑」的評鑑方式。而實施學校內部評鑑最合宜的方式為「教師自評」、「同儕互評」及「另外組織評鑑小組評鑑」，再視學校需求輔以外部專家進行總結性評鑑，以達到相互學習與客觀檢證之目的（20170414省思札記M02）。

第五節　焦點團體座談內容及個案研究之綜合分析與模式修正

　　本節將就焦點團體座談的內容進行綜合分析，並參考個案研究對本研究模式的整體架構與應用情形所提供之意見與建議，進行國民小學校長閱讀教學領導模式之修正。茲將座談內容及個案研究之綜合分析與模式修正情形說明如下。

 焦點團體座談內容及個案研究之綜合分析

　　在本次座談會的學者專家與個案研究訪談者，對於本研究所建構的「國民小學校長閱讀教學導模式」多抱持相當正面與肯定的態度，茲將與會成員對於本研究模式建構之因素間關係所提供的意見歸納如下：

一、背景部分

　　（一）外在環境的國際教育，更重要的是國際閱讀素養，由經濟合作暨發展組織（OECD）主導的「國際學生評量方案」

（PISA），以及「促進國際閱讀素養研究」（PIRLS）開啓國際學術競賽後，世界各國莫不將閱讀表現視爲國力的展現，且國際評比結果促動臺灣閱讀政策改革，乃是國際趨勢。（20170322A1）

（二）外在環境的教育政策因爲面向很廣泛，可更明確的是政府的閱讀、教育政策的策進，因爲它可能影響後續之校長理念、人力資源及資源經費的投入。（20170322A2）

（三）背景部分的內在環境的專業知能，應直接界定是校長的閱讀專業知能、能力或特質是重要的，校長的閱讀專業可以影響教師，另可進一步釐清校長的專業背景要素與投入「人力資源」之間的關係。（20170322A3）

二、投入部分

（一）投入的「資源經費」應改爲「經費資源」，可進一步釐清兩者的定義。（20170322A5）

（二）閱讀教學領導的人力資源，不是只有人力的投入，應該含有人力發展。（20170322A3）

三、過程部分

（一）願景形塑、策略作法、創新教學應以雙箭頭，因爲彼此互爲關聯及彼此影響。（20170322A1）

（二）過程的策略作法與創新教學的內涵加以整合，策略與作法的教學計畫、課程方案、資源整合、多元活動、支持獎勵的內涵可加以整合爲以下具體內涵：優質環境、整合資源、多元活動、獎勵激勵等，教學計畫及課程融入於創新教學之內涵，並將營造優質閱讀空間整合至策略作法中。（20170322A3）

四、產出部分

（一）原「營造優質閱讀環境」建議改置於過程部分較為合適，因為「營造優質閱讀環境」是為了激勵閱讀動機，所以調整至過程中的「策略與作法」。（20170322A2）

（二）閱讀教學領導模式成效，目標應該是教師的教學品質提升與學生的閱讀素養提升，甚至因為閱讀教學領導模式，促成家長參與學校更為積極正向。（20170322A5）

（三）產出部分可增加家長樂於參加學校閱讀活動，家長的積極參與，代表對於學校的支持度增加，並願意成為學校的助力。（20170322A3）

五、評鑑部分

（一）評鑑的方式可再清楚釐清，如含有內部評鑑及外部評鑑，可加註「內、外」，如評鑑（內、外）。（20170322A1）

（二）持續研發適切評鑑工具，提供教育評鑑參考，另外，如何讓箭頭表示方式是持續實施，方能落實教育評鑑功能。（20170322A3）

六、整體模式部分

（一）整體模式，事實上發展出來非常嚴謹，整個架構部分，包含背景、投入、過程及產出，一直到最後的評鑑，這些應該是屬於同一架構的東西。但在箭頭上，似乎會有一個層面影響另一個層面，而且將閱讀教學領導的產出放在最後，但是成效基本上只是其中一個層面而已。以學校發展歷程來說，背景因素會隨情境發展而交互影響，閱讀教學領導投入包括投入校長理念、人力資源和經費

資源，過程中形塑願景並建構策略作法，以及創新教學的行動措施，最後就產生非常好的閱讀教學領導效能，乃互相關聯。可是建構圖卻好像只有先後的關係，另外，過程中的因素應是相互關聯也不是單向。（20170322A2）

（二）這個圖是一個有機體，投入跟過程是否相互關聯，需不需要雙箭頭？可再釐清，還有過程中的每個因素之間應有一些互動。過程中的策略作法後才是領導的效能，也就是策略之後才產生效能。換句話說，需要再去釐清過程（process）和效能（output）這幾個要素之間彼此是否有先後的順序。（20170322A1）

（三）在分析這些因素之間的關係，彼此間有互動的，則以雙向箭頭表示。（20170322A2）

（四）原先圖畫為單箭頭，比較像一個層面影響另一個層面，背景、投入、過程、產出，以至最後的評鑑是相互影響，隨時評估背景的變化，或投入因素因為情境而有所變化，或過程中因形成性評鑑需要調整策略，或產出的成效因為投入或過程的變化而有所不同，可利用雙箭頭作為一個反思的過程。（20170322A1）

在模式的整體架構部分，學者專家分別從模式的整體架構、模式的內容意涵、模式的要素關係、模式的適用性等四個部分進行探討，認為本研究所建構的模式相當完整，是一具有理想性的國民小學校長閱讀教學領導模式。但是在模式的內容意涵部分可再清楚界定各要素的名詞定義。同時，在模式的要素關係部分可再思考與釐清整體歷程關係，以使模式內涵更具連貫性。最後，在模式的適用屬性部分應加強模式內容在學校情境中的適用性，積極瞭解學校的應用需求，使學校能明確掌握模式的使用意涵，以拉近理想與現實之間的差距，發揮學校校長閱讀教學領導的成效。

綜合上述可知，本研究模式之建構相當完整，若能將校長閱讀

教學領導與學校組織的連結關係做更精緻的內容連接，使校長能更清楚與應用此模式，並進一步提供給學校單位使用，相信對於模式在學校的應用價值與貢獻會更大。學校校長閱讀教學領導的研究在國內是相當稀少的，其內容概念更是複雜，因此，要建構一個模式實屬不易。本研究模式是一理想化的建構，對於模式的要素與內容之掌握尚無法力求符應國民小學的實際情境之需求，為了使研究模式兼具創新與實用之效，提升研究的價值與貢獻，未來應持續地進行模式的測試研究，期能拉近理想與現實之間的建構差距，發揮學校校長閱讀教學領導模式之成效。

 國民小學校長閱讀領導模式的修正情形

　　本研究針對上述焦點座談內容及個案研究進行綜合分析，參考與會學者專家對本研究所建構之體系的整體架構，所提供之意見與建議，研究者隨即與指導教授商量討論，據此再進行國小校長閱讀教學領導模式。茲將焦點團體座談及個案研究修正情形列表如5-1。

表5-1　焦點團體座談及個案研究結果修正情形

項目	原內容	修正後之內容	異動說明
背景	環境脈絡中之「外在環境」：「國際教育」	環境脈絡中之「外在環境」：「國際趨勢」	修正
	環境脈絡中之「內在環境」：「專業知能」	環境脈絡中之「內在環境」：「閱讀專業知能」	修正
投入	資源經費	經費資源	修正

項目	原內容	修正後之內容	異動說明
過程	願景目標	願景形塑	修正
	「策略與作法」： 教學計畫 課程方案 資源整合 多元活動 支持獎勵	「策略與作法」： 優質環境 整合資源 多元活動 獎勵激勵	修正
	「願景目標」、「策略與 作法」、「創新教學」 （無箭頭）	「願景形塑」、「策略與 作法」、「創新教學」 （以雙箭頭表示）	新增
成效	閱讀教學領導模式成效： 營造優質閱讀空間	刪除 「營造優質閱讀空間」	刪除
	閱讀教學領導模式成效： 提升教師優質教學 培養學生閱讀素養	閱讀教學領導模式成效： 教師教學品質提升 學生閱讀素養提升	修正
		閱讀教學領導模式成效： 家長參與正向積極	新增
評鑑	評鑑	評鑑（內部評鑑、外部評 鑑）	新增
各要素	背景→投入→過程→產 出 （單箭頭）	背景↔投入↔過程↔ 產出 （改成雙箭頭）	修正

　　根據上述焦點團體座談及個案研究的修正、新增與刪除，研究者在與指導教授商量討論後，進一步修改國小校長閱讀教學領導建構圖，如圖5-1。

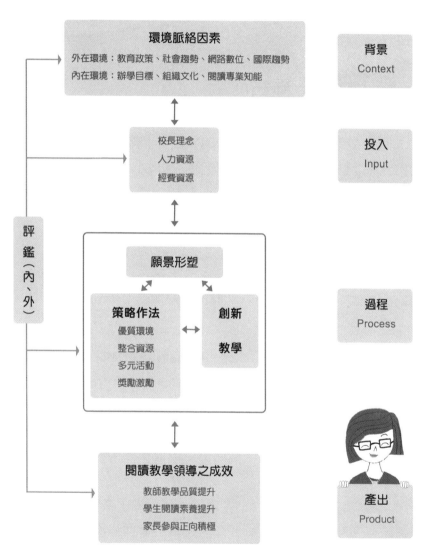

圖5-1　校長閱讀教學領導模式建構圖

第六節　綜合討論

　　本節依據焦點團體座談中學者專家的回饋意見，以及個案研究的內容加以整理分析，建構出本研究之國民小學校長閱讀教學領導模式，主要區分爲國民小學校長閱讀教學領導的背景、投入因素、過程、成效與評鑑等層面，茲將上述各個層面及其內涵加以說明，探討整體模式的適切性，以及分析各層面間的關係。

壹　國民小學校長閱讀教學領導「背景」層面的綜合討論

　　初步建構之國民小學校長閱讀教學領導模式「背景」層面的內涵，主要包括：「內在環境」與「外在環境」二個部分。在「外在環境」方面有四項：「教育政策」、「社會趨勢」、「網路數位」、「國際教育」；在「內在環境」有：「辦學目標」、「組織文化」、「專業知能」等三個向度。根據焦點團體座談與個案研究的學者專家所表示的意見，「外在環境」部分將「國際教育」修正爲「國際趨勢」，並在「內在環境」部分將「專業知能」修正爲「閱讀專業知能」。故本研究在「背景」層面內涵，將「外在環境」分爲：「教育政策」、「社會趨勢」、「網路數位」、「國際趨勢」等四個向度；將「內在環境」分爲：「辦學目標」、「組織文化」、「閱讀專業知能」等三個向度。與國內其他研究（吳清山，2016；蔡金田，2009；范熾文，2008；張慶勳，2006；吳清

山、林天祐，2005）結果相似。尤其吳清山（2016）指出在未來教育發展動向之探究，提到教育是持續發展的過程，在不同階段或時期，都會受到各種內、外在因素的影響。

貳 國民小學校長閱讀教學領導「投入」層面的綜合討論

由焦點團體座談及個案研究的結果發現，有關國民小學校長閱讀教學領導「投入」層面的內涵，主要包括：「校長理念」：領導人的理念，常影響組織的生存發展；「人力資源」：學校人力資源包括校內的校長、教職員和學生，以及校外的社區，而人力資源包括與組織成員有關之所有資源，包含成員知識、能力、態度等；「經費資源」是以學生為核心，運用各種經費及教學資源，適當編排來達到教學目標的互動歷程，且充足的經費資源就成了閱讀計畫長久施行的重要關鍵。

上述「校長理念：領導人的理念，常影響組織的生存發展」這一項正如葉川榮（2013）校長在學校組織中扮演著「領頭羊」的角色，教師則扮演在其麾下貫徹執行學校目標與校長理念的角色；校長必須懂得將自己的辦學理念和特色傳播出去，爭取家長和社區人士的認同及支持，才能確保生存與永續發展（吳清山，2007）；教學領導者應重視個人的角色，校長理念將會影響學校辦學的績效，與教學領導理念有相似的發現（林明地，2008；張慶勳，2003）。校長是形塑學校組織文化的導引者，須深悟教育理念，亦須執行教育政策；須改變學校組織文化，亦須使學校在穩定中求發展；須重視學校組織外在環境的適應，亦須兼顧學校組織內部的統整。誠如Amabile（1997）認為，高層管理者傳達的信

念、價值與陳述任務，將影響組織創新。

　　至於人力資源：與文獻探討「人力資源管理對組織績效有積極正面的影響」，人力資源管理的概念對學校人事行政運作也有重要的價值（Dyer & Reeves, 1995；Delaney & Huselid, 1996）；另外分析「經費資源」與陳宜彥（2015）的研究有類似的發現，指出校長閱讀教學領導，需要對外爭取資源，除申請政府補助或民間基金會，亦要妥善運用經費採購圖書與教具、尋求愛心家長協助，結合社區圖書館或在地特色。

　　總之，校長理念、投入的人力資源與經費資源，是校長閱讀教學領導重要關鍵，將影響閱讀教學領導的成效。

參　國民小學校長閱讀教學領導「過程」層面

　　根據焦點團體座談及個案研究結果發現，關於國民小學校長閱讀教學領導「過程」層面的內涵，經過討論後主要包括：「願景形塑：領導者要為組織勾勒出清晰且具吸引力的未來景象，讓組織成員都能充滿熱望，這是建立組織發展方向與組織文化的重要碁磐」、「策略作法：讓願景及策略轉化成為具體可行的戰術，展開策略規劃，並訂定目標達成的標準與指標，包括優質環境、整合資源、多元活動及獎勵激勵」、「創新教學：教師引進新的觀念、方法或創意構思，將其創造性特質發揮於專業領域中，運用新穎的方法、教材、策略或是網路、數位媒體，充分發揮創意設計的教學方案，針對學生的個別化差異，靈活變化教學方式，進而激發學生的學習成效及興趣，藉以達成有效的教學目標」等三個部分。

　　本項的願景形塑發現與Cawelti（1987）、Hallinger（1992）、Blase和Blase（2000）、林新發、黃秋鑾（2014）研究

相似，領導者要形塑願景，學校的願景就是要讓全體教職員瞭解學校價值觀，有一致的目標，分享學校夢想，並內化為信念；就具體可行策略而言，校長扮演領導角色需擬定具體計畫與活動，來逐步達成。面對創新教學時，與國內學者顏秀如和張明輝（2005）、鄭淵全和蔡雅茹（2012）提出領導者應組織文化環境利於成員創造力發展，必須適時與組織成員溝通，使其心裡的不安減到最低，更進一步增強正向積極的情緒，以凝聚推動組織變革的力量；也與張碧娟（1999）研究一致，閱讀教學領導者支援教師與學生在教與學上所採取的有效相關措施與作為，可提升教師教學效能與增進學生學習效果。

肆 國民小學校長閱讀教學領導「成效」層面

　　由焦點團體座談及個案研究的結果發現，有關國民小學校長閱讀教學領導「成效」層面的內涵，主要包括：「教師教學品質提升」、「學生閱讀素養提升」、「家長參與正向積極」等三個題項。其中「提升教師優質教學」修正為「教師教學品質提升」；「培養學生閱讀素養」修正為「學生閱讀素養提升」。可見焦點團體座談中，學者專家對「教師教學」及「學生學習」均表認同，另外，原初步建構「營造優質閱讀空間」，學者專家建議修改至過程中的「策略作法」層面，另增加「家長參與正向積極」。

　　故本研究將國民小學校長閱讀教學領導「成效」層面的內涵分為：「教師教學品質提升」、「學生閱讀素養提升」、「家長參與正向積極」等三個部分。與國內其他研究（陳鳳妹，2009；陳宜彥2013；吳春慧，2012）結果相似。也誠如國內學者張毓仁、柯華葳、邱皓政、歐宗霖、溫福星（2011）、李介文（2008）、柯

燕珠（2010）及許森凱（2012）等研究相類似，校長閱讀教學領導能增進教師閱讀教學；也能結合社區成員正向積極參與；提倡學生閱讀之風氣等；家長參與學校教育事務與學校效能具有正相關。並與涂秋英（2008）閱讀教學領導贏得家長肯定、支持與參與，甚至延伸閱讀到家裡的論述相似。

伍　國民小學校長閱讀教學領導「評鑑」層面

　　根據焦點團體座談及個案研究結果可知，關於國民小學校長閱讀教學領導「評鑑」層面的內涵，主要包括：「校長進行閱讀教學領導背景的檢討」、「校長進行閱讀教學領導投入的檢討」、「校長進行閱讀教學領導過程的檢討」、「校長進行閱讀教學領導成效的檢討」四個題項，均屬適切；而在焦點團體座談中，學者專家認為「評鑑」應再兼顧「內部評鑑」與「外部評鑑」；故本研究將國民小學校長閱讀教學領導「評鑑」層面的內涵分為：「校長進行閱讀教學領導背景的評鑑」、「校長進行閱讀教學領導投入的評鑑」、「校長進行閱讀教學領導過程的評鑑」、「校長進行閱讀教學領導成效的評鑑」等四個部分，且評鑑方式有內、外部評鑑。這與國內學者（劉慶中、趙廣林，1999；吳春慧，2012；藍美玉，2005；黃秀霞，2013）的研究結果相符，針對校長教學領導，對於教學相關活動進行評鑑與改善，能增進學生學習成效，以確保教學品質、提升學校整體教學效能之相關措施與作為。誠如Keefe和Jenkins（1991）認為教學領導乃校長為提升教師教學與學生學習成果，對教師提供指導、資源及支援等領導作為。

第6章

結論與建議

—— 餘韻悠蕩、不忘閱讀初心

本章旨在呈現國民小學校長閱讀教學領導模式建構之結論與建議，分為兩節，第一節為結論，第二節是建議。

第一節　結論

根據本研究結果分析與討論，並進一步結合研究目的與待答問題，作成如下結論：

 國民小學校長閱讀教學領導模式之內涵可包含背景、投入、過程、產出和評鑑等五大層面

本研究透過文獻探討，初步歸納國民小學校長閱讀教學領導模式之內涵，包括背景、投入、過程、成效和評鑑；經過焦點團體座談與個案研究後，這些內涵都獲得支持，惟焦點團體座談與個案研究建議如下，「評鑑」修正為：「評鑑（內、外）」更貼近內涵，乃將原內容加以修正。因此，本研究所提出的國民小學校長閱讀教學領導模式的內涵，包括背景、投入、過程、成效和評鑑（內、外）等五大層面，不僅有學理依據，而且也獲得實證支持。

貳 國民小學校長閱讀教學領導模式中各層面所包含內容具有適切性

本研究透過文獻探討，初步歸納在國民小學校長閱讀教學領

導模式中各層面之主要內涵如下：1.背景：環境脈絡因素：內、外在環境；2.投入：校長理念、人力資源、資源經費；3.過程：包括願景目標、策略作法、創新教學；4.產出：閱讀教學領導成效：包括營造優質閱讀空間、提升教師優質教學、培養學生閱讀素養；5.評鑑：包括背景、投入、過程及產出的檢討。經過焦點團體座談與個案研究後，這些內涵大多具有適切性，惟仍根據受訪者和座談人員之意見進行小幅度修正。其中將「外在環境」中的「國際教育」修正為「國際趨勢」，另外，內在環境的「專業知能」修正為「閱讀專業知能」。研究者亦認為修正後更貼近內涵，乃將原內容加以修正；「過程」的「願景目標」定義更明確後，修正為「願景形塑」，較能符合過程中的發展歷程。而「過程」中原「策略與作法」的內涵，包括：教學計畫、課程方案、資源整合、多元活動、支持獎勵。經專家學者建議歸納為優質環境、整合資源、多元活動、獎勵激勵，而原教學計畫、課程方案融入於創新教學；原初步建構「產出」閱讀教學領導之成效，包括營造優質閱讀空間，與會學者認為本項較屬過程的發展歷程，所以加以調整。另外，過程中的要素彼此互為關聯，則用雙箭頭表示之；其中「產出」層面，將閱讀教學領導之成效歸納為「教師教學品質提升」、「學生閱讀素養提升」、「家長參與正向積極」；「評鑑」增加「內、外」，亦即評鑑部分包括內部評鑑及外部評鑑。至於模式中背景、投入、過程和成效之關係，則用雙箭頭表示之。

建構之國民小學校長閱讀教學領導模式具有周延性和創新性

　　本研究所建構國民小學校長閱讀教學領導模式，在焦點團體座談與會人員均認爲模式適切。雖然具有高適切性，本研究爲愼重起見，亦進行個案研究，個案研究藉由訪談、蒐集資料、觀察、文件分析及省思札記，皆認爲所建構的模式具有適切性與價值性。而爲使該模式更具周延性，經由焦點團體座談與會人員認爲可就該模式的現有架構下進行微調，將會突顯模式的實用性、系統性和創新性，經歸納後，將國民小學校長閱讀教學領導模式再調整如圖6-1所示。從圖6-1中，可以瞭解到在閱讀教學領導模式中，外在環境中的教育政策、社會趨勢、網路數位和國際趨勢都會影響到閱讀教學領導；而內在環境中的辦學目標、組織文化、閱讀專業知能，亦會影響閱讀教學領導的推動。閱讀教學領導校長的理念、人力資源及經費資源等投入，是校長閱讀教學領導的重要投入；對於閱讀教學領導過程的願景形塑、策略作法及創新教學，彼此間互爲關聯；從背景要素、投入的要素到發展的過程都會影響到閱讀教學領導的產出，亦即閱讀教學領導成效包括教師的教學品質、學生的閱讀素養以及家長的參與。國小校長閱讀教學領導包括背景、投入、過程、成效等層面，每個層面互爲關聯，應以雙箭頭表示之，最後需經由評鑑（內、外部評鑑）加以檢視，以促進閱讀教學領導的適用性與價值性。

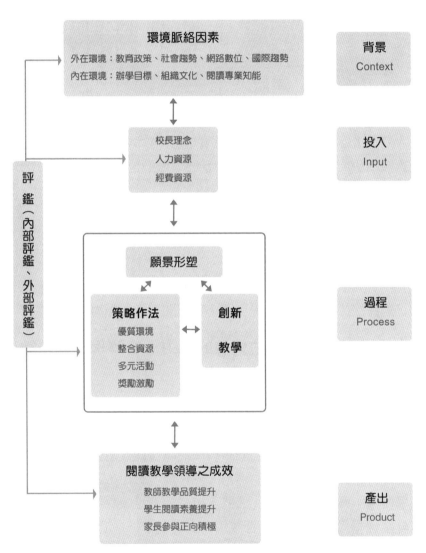

圖6-1 校長閱讀教學領導模式建構圖（修正後）

第二節　建議

　　基於上述結論，本研究擬分別就對學校本身、對教育行政機關及對後續研究等方面提出相關建議，以供國小校長利用閱讀教學領導模式，實施閱讀教學領導之參考。

壹　對學校方面的建議

　　本研究所建構的閱讀教學領導模式主要係針對國小校長而設計的，因此根據研究結果，提出國小實施閱讀教學領導的建議如下。

一、強化校長正確評估情境的能力，瞭解學校閱讀教學領導現況與需求

　　在「國小校長閱讀教學領導模式」中，國小校長進行閱讀教學領導的首要步驟即在評估背景脈絡因素，以決定扮演何種閱讀教學領導角色，進而採取合適的閱讀教學領導作為。由此可知，校長正確而有效的評估閱讀教學領導內、外在情境脈絡，是決定後續閱讀教學領導作為的主要依據。因此，校長具備正確評估情境的能力，充分掌握學校所面對的教育政策、社會趨勢、網路數位、國際趨勢、學校辦學目標、組織文化、閱讀專業知能等因素，並能正確評估國小校長實施閱讀教學領導的有利條件與優勢，諸如投入閱讀教學發展的理念、人力資源、經費資源等。上述這些都是校長能否有效正確地實施閱讀教學領導的關鍵要素。是故，校長有必要加強正

確評估背景脈絡的能力。

二、校長閱讀教學領導角色知覺，分配時間實施閱讀教學領導

國小校長有必要瞭解自己必須擔負起閱讀教學領導的責任，而非只是將閱讀教學領導的責任交給主任、教師等學校人員。因此，校長建立閱讀教學領導的觀念與能力，在態度上能勇於接受挑戰，將閱讀教學領導視爲是自己分內的工作，知覺閱讀教學領導的角色，確認自己在閱讀教學領導中的角色與主要工作面向。而除了角色知覺與態度認知方面外，在時間分配方面，校長有必要投注更多的心力在閱讀教學領導上，如願景形塑、策略作法（優質環境、整合資源、多元活動、獎勵激勵）、創新教學等，領導成員提升閱讀教學品質。

三、加強校長在職進修，充實閱讀教學專業知能

值此國內外趨勢重視閱讀教學推動之際，要使閱讀教學發揮效果，校長扮演著關鍵性角色。因此，校長必須透過日益多樣的在職進修管道，加強並充實自己在閱讀教學領導方面的理論與實務，以身作則帶頭進修閱讀教學專業知能。閱讀教學領導成效，不可能單靠校長一人執行，因此，校長除了加強自己閱讀教學領導專業知能外，同時，也應重視教師的專業成長。

四、鼓勵校長採取閱讀教學領導作爲，營造學校閱讀教學發展有利條件

根據「國小校長閱讀教學領導模式」，要配合閱讀教學領導背景環境脈絡因素與投入因素，採取必要的閱讀教學領導作爲，才能

發揮閱讀教學領導的成效。具體言之，這些必要的閱讀教學領導作為，除了上述的環境脈絡評估，投入閱讀教學發展的理念、人力資源、經費資源以外，更重要的是透過對話形塑閱讀願景、創新閱讀教學、建構優質閱讀環境、整合閱讀資源、多元閱讀活動，並提供獎勵與激勵。由此可知，在民主開放的社會中，校長必須突破傳統過度強調行政管理的作為，進而營造有利閱讀教學發展的情境與條件，並不斷提升閱讀教學的品質。

五、促進校長透過閱讀教學領導評鑑，評估閱讀教學領導效能

在國小校長閱讀教學領導模式中，針對閱讀教學領導背景環境脈絡、投入因素、過程因素和成效都必須加以評鑑。因此，校長在實施閱讀教學領導時，必須適時針對閱讀教學背景、投入、過程和成效進行內外部評鑑，透過評鑑，一方面瞭解實施閱讀教學領導的問題所在，並加以解決，另一方面，則可以瞭解並評估閱讀教學領導的效能。同時，校長也能兼顧自我的反省改進，透過內外部的閱讀教學領導評鑑，加上隨時自我的反省改進，以達到改進學校閱讀教學發展，提升校長閱讀教學領導的效能。

六、引導校長依實際需要，靈活運用閱讀教學領導模式

由於閱讀教學領導模式旨在提供校長實施閱讀教學領導一些必要的指引與協助，而非透過模式提供一套放諸四海皆準的閱讀教學領導作法。所以，校長在使用「國小校長閱讀教學領導模式」，依據學校本身的條件、環境和需求等方面，參酌學校同仁意見，修正適合本身學校需求之模式，以作為推動依據。因此，在模式的利用上，可以教導校長根據實際的環境脈絡、狀況與需求，靈活而彈

性調整模式的內涵。只是調整的方式不應悖離模式的原意過遠，而應視實際需要在閱讀教學領導的內涵與作為上，列出輕重緩急的任務與作為，或是選擇其中幾項學校最迫切需要或者是需要強化的部分，採取必要的閱讀教學領導作為。

例如一所學校的閱讀教學願景與目標明確，然學生閱讀素養普遍較低落，教師教學信念較為保守，甚至將教科書視為教學的一切，家長與社區人士的參與較少。面對這樣的脈絡，校長閱讀教學領導角色首應著重在「成員創新教學的帶動者」，帶動成員專業發展與進修，培養發展閱讀教學知識與技能。其次，也應扮演「閱讀教學改革的激勵者」與「閱讀教學實施的評鑑者」，鼓勵教師思考與創新，透過評鑑及教師的自評互評，瞭解閱讀教學實施成效，激發閱讀教學改革與改進的動機。再者，扮演「國際趨勢發展的感知者」，幫助教師瞭解國際閱讀發展趨勢；同時也應扮演「各種資源的整合者」，爭取、提供、整合並充分利用各項資源與設備。

總而言之，校長必須依據實際的狀況與需要，彈性靈活運用「國小校長閱讀教學領導模式」。

七、對照校長實際閱讀教學領導經驗，反映閱讀教學發展現況

模式建構應是一持續不斷的過程，因此，本研究所建構的「國小校長閱讀教學領導模式」應作經驗上的檢核，對模式進行實證資料、經驗與現象的對照，以使模式更能反映現況。因此，本研究所建構的國小校長閱讀教學領導模式必須與閱讀教學領導的實際產生互動，如此才能使所建構的模式更具實際應用的價值。是故，校長在實施「國小校長閱讀教學領導模式」時，應對照實際的經驗，一方面驗證模式能否反映現況，一方面則是將模式與實際間互動所產

生的結果與經驗，提供給研究者，以進一步作爲修正閱讀教學領導模式的依據與參考。

對教育行政機關的建議

一、支持學校推動閱讀教學領導，提振校長推動閱讀教學領導的意願

根據研究結果，校長實施閱讀教學領導有其重要性與必要性，因此，主管教育行政機關對於學校推動閱讀教學領導應加以支持，提供必要的資源，辦理研討會與工作坊，鼓勵相關閱讀教學領導的研究，設計獎勵制度，給予必要的誘因。讓校長除了覺得本身有實施閱讀教學領導的必要性之外，也感受到上級充分的支持與獎勵，因而願意投注更多的時間和精神在學校的閱讀教學領導事務上，如此將有助於提振校長閱讀教學領導的意願與能力。

此外，教育行政機關除了給予校長閱讀教學領導充分的支持外，在評鑑校長的領導效能方面，也應有所修正，不只重視行政領導效能的評鑑，也重視以閱讀教學領導效能的評鑑，並將評鑑的結果提供校長參考。

二、加強校長培育與在職訓練課程，落實校長閱讀教學領導理論與實務的整合

爲了能有效實施閱讀教學領導，校長在閱讀教學領導的理論與實務上則必須再作加強。因此，在校長培育與在職訓練的課程中，應加強校長在閱讀教學理論、領導理論、閱讀教學領導理論等方面的專業知能。

　　由於閱讀教學領導理論或模式在國內的研究尚屬起步階段，建議未來可參酌本研究所建構之模式編製國小校長閱讀教學領導量表，藉以有效評估校長推動閱讀教學領導實際成效；同時亦可作為校長改進閱讀教學領導之參考。這份量表編製，宜先進行預試，瞭解題目的適切性，並進行修正，同時也要具備良好的信效度，才能真正測出校長閱讀教學領導的成效。

三、建立校長閱讀教學領導專業證照制度，確保校長閱讀教學領導品質

　　根據研究結果發現，校長閱讀教學領導非常重要，因此為了提升校長閱讀教學領導的專業水準，並促進校長對閱讀教學領導的重視。教育行政機關有必要規劃建立校長閱讀教學領導的專業證照制度，在校長的培育制度中，針對校長在閱讀教學領導方面所必須具備的專門知能、技巧和態度規劃專業的標準，進行專業的認證，並建議教育行政機關可根據本研究所建構的模式層面和內涵，編印「國小校長閱讀教學領導手冊」，提供校長們推動閱讀教學領導之參考，一旦校長具備閱讀教學領導知能，一則可增加校長對於閱讀教學領導的重視，一則可確保校長閱讀教學領導的品質。

四、適度鬆綁法令，賦予學校組織結構較多彈性空間

　　根據研究結果發現，校長實施閱讀教學領導的重要內涵之一是「組織文化」。校長閱讀教學基本理念，要透過對話、討論、互動、分享、批判，與組織成員共同形塑閱讀教學發展，需要更具有彈性的組織結構與教學時數的安排，以利成員進行討論、合作與分享。不過，事實上，現在的政策與法令除了不夠穩定外，給予學校的彈性空間也不是太多。加上有關學校組織結構的法令規定，所呈

現的亦是教育行政機關對學校授權的不足,造成學校各處室的組織職掌無法調整。雖然目前教育部已增置閱讀推動教師,但為少部分學校透過計畫申請才有其編制,因此,今後宜修正組織結構的法令,作適度的法令鬆綁,讓學校的組織結構可以依實際需求作彈性調整,如此,或許在法令允許的範圍內,學校可以設置閱讀教學發展的專責單位,負責學校閱讀教學的研發與設計。因此,學校組織結構法令的適度鬆綁,將有助於閱讀教學領導的推動與實施。

對未來研究的建議

一、就研究對象而言

本研究經由文獻分析建構初步的國小校長閱讀教學領導模式,並經由焦點團體座談及個案研究建立閱讀教學領導模式的共識。總計接受本研究訪談的專家學者共有五位,而個案研究係以推動閱讀教學成效績優學校作為研究對象。這些研究對象包含大學校院教授、國小校長、國小主任、國小教師及家長。但畢竟研究樣本有限,所以研究結果所推論的範圍將受到限制。因此,建議有志探究校長閱讀教學領導模式的研究者,可針對中等教育特性與需求,並結合中學校長實務經驗,建構適合中等教育校長閱讀教學領導之用的模式。

二、就研究方法而言

就研究方法而言,本研究主要採文獻分析法、訪談法、個案研究作為主要的研究方法。對於本研究所建構的「國小校長閱讀教學領導模式」的適切性主要是透過個案研究加以驗證的,但由於個

案研究的研究結果只能顯示與訪談結果的一致與否，背後的理由未能充分瞭解。所以，為了更進一步驗證「國小校長閱讀教學領導模式」的適切性，或許可採用實驗的方式，實際在學校中實施「國小校長閱讀教學領導模式」的實證研究來加以考驗，再以統計方法來驗證模式的適切性。

三、就研究內容而言

本研究是以「國小校長閱讀教學領導模式」為主要研究內容。由於目前國內有關閱讀教學領導的研究尚在起步階段，尤其是閱讀教學領導理論或模式建構的研究更是前所未有。本研究的目的旨在建構適用於國小校長的閱讀教學領導模式，所以，在模式的建構上主要以國小校長為主要對象，且模式的重點主要在探討閱讀教學領導模式的構成要素，及其各要素間的關聯性。因此，僅就閱讀教學領導的背景、投入、過程、成效與評鑑等要素下的細項進行分析歸納與整理，並驗證其合適性。但各要素及其下的細項之具體作法，則是後續研究可以進一步加以繼續研究的。此外，本研究以國小校長為主，但閱讀教學領導非由某個人所能獨立完成，必須靠主任、組長、教師與家長通力合作才能完成。因此，將來的研究就校內的對象而言，可以分別以教師、主任、教師為主要研究對象，建構合乎他們的閱讀教學領導模式。

附錄

國小校長閱讀領導模式建構
之研究

「國小校長閱讀教學領導模式建構之研究」
焦點團體座談討論題綱

 前言

　　學校是教育的場所，校長是學校首席教師兼行政主管，校長之領導閱讀教學理念及能力，都會直接或間接影響學校效能、教師教學品質及學生學習成效。校長如能領導閱讀教學，開發校園閱讀風氣，扮演領導閱讀教學的角色，塑造一個理想的閱讀校園，學生除了可藉由閱讀獲取知識、促進學習與成長外，並可透過閱讀豐富生活。

　　本研究所建構的國小校長閱讀教學領導模式，係以閱讀教育、校長閱讀教學領導與國小作為研究的核心概念，經由文獻的蒐集、整理、歸納與分析，做為發展校長閱讀教學領導模式的理論基礎，並以焦點團體座談方法進行探究。焦點團體座談，邀請在閱讀教育或教育行政領域等方面有著作或實務推展閱讀有功之學者專家，作為訪談的對象。因此，本研究根據焦點座談意見及個案研究，據以完成國小校長閱讀教學領導模式的初步建構。

貳 校長閱讀教學領導模式建構訪談題綱

　　請根據研究主要發現，針對國小校長閱讀教學領導模式建構初步研究結果、校長閱讀教學領導模式在國小適用情形、具體實施策略，惠賜卓見：

一、您認為教學領導與閱讀教學領導關係為何？有何區隔？

二、請問您認為閱讀教學領導的重要意涵為何？

三、您認為實施閱讀教學領導應考量哪些背景因素？

四、您認為國小校長實施閱讀教學領導應投入哪些內容？

五、您認為國小校長實施閱讀教學領導在過程中應包含哪些重要的任務？

六、您認為影響校長推動閱讀教學領導成效有哪些？

七、您對國小校長實施閱讀教學領導模式評鑑機制的建議為何？

八、國小校長閱讀教學領導模式的整體結構是否適切？

九、國小校長閱讀教學領導模式應用於國小的適用性為何？

十、研究者初步建構閱讀教學領導模式圖，請提出參考意見。（附件一）。

附件一

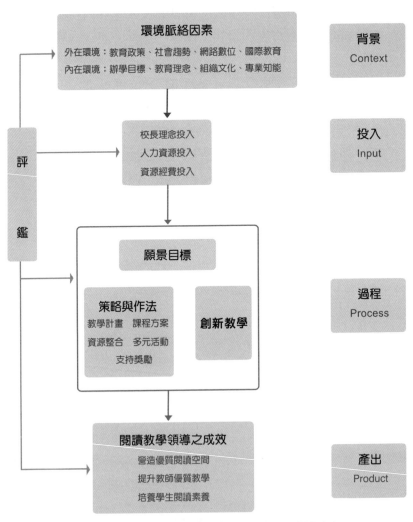

國小校長閱讀教學領導模式建構圖（初案）

參考文獻

中文部分

方子華（2003）。**國小學生家庭閱讀活動、學校閱讀環境與閱讀動機之相關研究**（未出版之碩士論文）。屏東師範學院國民教育研究所，屏東縣。

王怡棻（2007）。北歐閱讀風，奠定競爭力基礎。**遠見雜誌**，254，118-120。

臺灣閱讀推廣中心（2016）。**閱讀會訊**。取自：http://www.twnread.org.tw/

江芳盛、李懿芳（2009）。國際學生評量計畫（PISA）試題特色分析及其對我國教育之啟示。**教育資料與研究雙月刊**，87，27-50。

江啟昱（1993）。**CIPP評鑑模式之研究**（未出版之碩士論文）。國立臺灣師範大學，臺北市。

何宣甫（2010）。**學校行銷策略管理**。臺北市：五南出版。

余瑞陽（2016）。學校教育行銷之策略與建議。**臺灣教育評論月刊**，5(5)，32-37。

吳宛儒（2008）。**資訊科技融入國小高年級閱讀教學之行動研究**（未出版之碩士論文）。國立臺東大學，臺東市。

吳雨錫（2002）。**國民小學校長教學領導與教師專業成長關係之研究**（未出版之碩士論文）。國立臺中師範學院，臺中市。

吳政達（2005）。我國地方政府層級教育課責系統建構之評估：模糊德菲法之應用。**教育與心理研究**，28，645-665。

吳春慧（2012）。**嘉義縣非典型弱勢地區國民小學校長閱讀教學領導之研究**（未出版之碩士論文）。國立中正大學，嘉義縣。

吳淑芳（2004）。**一個國小校長進行教學領導之自我角色覺察——以推動閱讀教學爲例**（未出版之碩士論文）。國立臺北教育大學，臺北市。

吳清山、林天祐（2011）。家長投入。**教育研究月刊**，201，117-118。

吳清山（2007）。創意行銷——把學校特色傳出去。**教師天地**，146，8-11。

吳清山（2016）。未來教育發展動向之探究。**教育研究月刊**，270，13-26。

吳清山（2016）。**教育的正向力量**。臺北市：高等教育。

吳清山、林天祐（2001）。教育名詞——策略管理。**教育資料與研究**，41，66。

吳清山、林天祐（2005）。SWOT分析。**教育資料與研究**，63，144。

吳清基（2010）。**教育施政理念與政策**。臺北市，教育部。

呂翠華（2011）。國小校長在推動閱讀教育的領導效能。**國民教育**，51，86-92。

李介文（2008）。**國民小學家長參與學校教育與學校效能關係之研究：以南投縣爲例**（未出版之碩士論文）。國立中正大學，嘉義縣。

李玉林（2001）。**桃園縣國小校長教學領導角色知覺與實踐**

之研究（未出版之碩士論文）。國立臺北師範學院，臺北市。

李安明（2006）。**我國國小校長教學領導、教師文化與教師組織承諾之研究**（國科會補助專題研究計劃，編號：NSC93-2413-H-134-003）。臺北市：中華民國行政院國家科學委員會。

李安明（2016）。**國民小學校長教學領導運作之責任探究：以新竹縣市3所國小為例**。教育行政論壇，8(1)，1-33。

李宜芳（2003）。**臺北市國民小學校長教學領導現況與因應策略之研究——以國教九年一貫課程為例**（未出版之碩士論文）。國立臺北師範學院，臺北市。

李美月（2003）。**高中生課外閱讀與學業成就關係之研究**（未出版之碩士論文）。國立屏東教育大學，屏東縣。

李清華（2002）。**國民小學教師之校長教學領導知覺、教師效能感與統整課程實施態度之關係研究**（未出版之碩士論文）。國立彰化師範大學，彰化縣。

李雪莉、齊若蘭、游常山（2003）。**閱讀：新一代知識革命**。臺北市：天下雜誌。

李雲漳（2002）。**國民小學校長教學領導與教師教學效能之研究**（未出版之碩士論文）。國立屏東師範學院，屏東縣。

李新寶（2001）。**國民小學校長教學領導行為與教師教學效能之研究**（未出版之碩士論文）。國立新竹師範學院，新竹市。

李碧如（2002）。**培養孩子成為閱讀高手**。香港：宣道出版。

卓敏惠（2016）。**閱讀磐石計畫之回應性評估：以臺中市三所國民小學為例**（未出版之碩士論文）。南華大學，嘉義縣。

周芷誼（2006）。**閱讀環境與學童閱讀態度相關之研究——以彰化縣一所國小五年級為例**（未出版之碩士論文）。國立臺中教育大學，臺中市。

幸曼玲（2008）。閱讀的心理歷程與閱讀教學。**教師天地，**154，4-8。

林天祐（2001）。提高兒童閱讀興趣的策略——美國加州聖塔芭芭拉市的經驗。**教育資料與研究**，38，12-15。

林文律（1999）。從校長必備能力看校長培育。**教育資料與研究**，28，6-19。

林巧敏（2008）。迎接閱讀新浪潮——閱讀與國家競爭力。全**國新書資訊月刊**，10，4-9。

林巧敏（2009）。推動國中小學童數位閱讀計畫之探討。**臺灣圖書館管理季刊**，5(2)，49-67。

林巧敏（2011）。臺灣國小學童數位閱讀興趣與行為之調查分析。**國家圖書館館刊**，30-59。

林永豐（2014）。素養的概念及其評量。**教育人力與專業發展**，31(6)，35-47。

林永豐（2017）。論十二年國民基本教育課程總綱學習重點的規化思維與意涵（TSSCI）。**課程與教學季刊**，20(1)，105-126。

林佩璇（2000）。個案研究及其在教育研究上的應用。載於中正大學教育學研究所（主編），**質的研究方法**，239-262，高雄市：麗文出版。

林佩璇（2000）。**個案研究及其在教育研究上的應用——質的研究方法**。高雄市：麗文出版。

林明地（1999）。**校長教學領導實際：一所國小的參與觀察**。發表於臺北市立師範學院國民教育研究所主辦之教育行政論壇第五次研討會，臺北市。

林明地（2000）。校長教學領導實際：一所國小的參與觀察。**教育研究集刊**。44，143-172。

林明地（2000）。校長領導的影響：近三十年來研究結果的分析。**國家科學委員會研究彙刊：人文及社會科學**，10(2)，232-254。

林明地（2002a）。教育改革浪潮下的學校生態：對學校經營的啓示。**現代教育論壇：「新世紀的學校經營策略」**，19-26。臺北市：國立教育資料館。

林明地（2005）。校長領導、權力運用與關懷專業。**教育研究**，132，59-69。

林明地（2008）。**校長學：工作分析與角色研究取向**。臺北市：五南出版。

林明地（2008）。**學校與社區關係**。臺北市：五南出版。

林建昌（2002）。**臺北市國民小學學校願景發展之研究**（未出版之碩士論文）。國立臺北師範學院，臺北市。

林美鐘（2001）。**屏東縣國民小學中高年級學童閱讀興趣調查研究**（未出版之碩士論文）。國立屏東師範學院，屏東市。

林海清（1999）。**教育與人力發展**。高雄市：復文出版。

林清江（1988）。**教育的未來導向**。臺北市：臺灣書店。

林惠煌（2003）。**臺北縣國民小學校長教學領導與教師教學效能關係之研究**（未出版之碩士論文）。國立臺北師範學院，臺北市。

林新發、林上渝（2004）。高中校長辦學績效評鑑指標。**教育資料集刊**，29，139-168。

林新發、黃秋鑾（2014）。推動校長教學領導以提升教師專業學習社群互動之策略。**臺灣教育評論月刊**，3(1)，43-62。

林煥祥、劉聖忠、林素微、李暉（2008）。**臺灣參加PISA2006成果報告**（國科會補助專題研究計劃，編號：NSC 95-2522-S-026-002）。臺北市：中華民國行政院國家科學委員會。

林慧蓉（2003）。**國民中學學校人力資源運用與學校效能關係之研究**（未出版之碩士論文）。國立中正大學，嘉義縣。

邱憶惠（1999）。個案研究法：質化取向。**教育研究**，7，113-127。

南美英著，孫鶴雲譯（2007）。**晨讀10分鐘**。臺北市：天下出版。

柯華葳（2008）。**教出閱讀力**。臺北市：天下出版。

柯華葳、詹育綾（2013）。書與閱讀。**國家圖書館館刊**，102(1)，37-50。

柯華葳、詹益綾、張建好、游雅婷（2008）。PIRLS2006報告——**臺灣四年級學生閱讀素養**。桃園市：國立中央大學。

柯燕珠（2010）。**國小家長參與學校事務與學校效能關係之研究——以彰化縣為例**（未出版之碩士論文）。國立彰化師範大學，彰化縣。

Goodman, K. S著，洪月女譯（1998）。**談閱讀**（On reading）。臺北市：心理出版。

洪蘭（2001）。閱讀與個人發展。**社教雙月刊**，101，17-22。

胡幼慧主編（1996）。**質性研究：理論、方法及本土女性研究實例**。臺北縣：巨流出版。

范熾文（2002）。**國小校長領導行為、教師組織承諾與學校組織績效之研究**（未出版之博士論文）。國立臺灣師範大學，臺北市。

范熾文（2004）。學校人力資源管理內涵之建構。**學校行政雙月刊**，30，1-15。

范熾文（2008）。**學校人力資源管理：概念與實務**。臺北縣：冠學文化。

范熾文、黃榮隆（2008）。從政策執行觀點談兒童閱讀之落實。**師說**，204，28-33。

倪千茹（2002）。**國民中學校長領導能力量表之編製**（未出版之碩士論文）。國立暨南國際大學，南投縣。

孫劍秋、林孟君（2013）。從臺灣中學生PISA閱讀素養的表現談精進學生閱讀素養的教學策略。**中等教育**，64(3)，35-51。

唐淑華（2013）。帶著希望的羽翼飛翔——談補救教學在十二年國教的定位與方向。**教育人力與專業發展**，30(1)，1-11。

涂秋英（2008)。**桃竹苗地區閱讀卓越學校推動閱讀教育對策之研究**（未出版之碩士論文）。國立新竹教育大學，新竹市。

秦夢群（1999）。**教育行政理論與應用**。臺北市：五南出版。

秦夢群、吳勁甫（2011）。國中校長教學領導、學校知識管理與教師教學效能之多層次分析。**教育與心理研究**，34(2)，1-31。

高苙騰（2010）。**桃園縣校長教學領導與教師創新教學之研究**

（未出版之碩士論文）。國立新竹教育大學，新竹市。

高郡韓（2011）。**桃園縣國民小學閱讀教育推動調查研究**（未
　　出版之碩士論文）。國立新竹教育大學，新竹市。

高教出版主編（2013）。**課程與教學領導**：Curriculum
　　Leadership and Instruction Leadership。臺北市：高教出版。

高新建（2002）。學校課程領導者的任務與角色探析。**臺北市
　　立師範學院學報**，33，113-128。

高博銓（2002）。學校本位課程發展的評鑑。**教育研究月刊**，
　　101，120-129。

國家教育研究院（2014）。**十二年國民基本教育課程發展指
　　引**。臺北市：國家教育研究院。

康雅惠（2006）。**幼托園所大班幼兒母親閱讀信念調查研
　　究──以臺北縣為例**（未出版之碩士論文）。國立臺灣師
　　範大學，臺北市。

張志明、吳家瑩（2011）。國民小學教育公平指標之研究。**科
　　學教育期刊**，14(4)，143-171。

張佳琳（2010）。美國閱讀教育政策發展之探究。**教育資料與
　　研究雙月刊**，93，183-216。

張怡婷（2002）。**個人認知風格、班級閱讀環境與國小高年級
　　學童閱讀行為之相關研究**（未出版之碩士論文）。國立屏
　　東師範學院，屏東縣。

張信務、賴國忠（2007）。臺南市九十六年度國民小學候用校
　　長甄選試題解析。**臺灣教育**，648，60-68。

張思萍（2012）。**新北市國民小學校長運用教學領導推動閱讀
　　教育之研究**（未出版之碩士論文）。國立臺北教育大學，
　　臺北市。

張春興（2002）。**現代心理學**。臺北市：東華出版。

張國強（2010）。**臺中縣國民小學校長領導與教師專業學習社群互動之相關研究**（未出版之碩士論文）。國立臺中教育大學，臺中市。

張莉慧（2009）。臺灣推動閱讀之觀察與省思。**臺灣圖書館管理季刊**，5(4)，82-98。

張景媛（2012）。預見臺灣的未來——適性教育的理念與輔導策略。**教育人力與專業發展雙月刊**，29(6)，25-34。

張毓仁、柯華葳、邱皓政、歐宗霖、溫福星（2011）。教師閱讀教學行為與學生閱讀態度和閱讀能力自我評價對於閱讀成就之跨層次影響：以PIRLS 2006為例。**教育科學研究期刊**，56(2)，69-105。

張僑平、林智中（2017）。培養學生素養的課程及教學策略：香港經驗。**教育研究月刊**，275，114-126。

張榮華（2010）。**非營利組織推動原住民學童教育網絡治理策略分析**（未出版之碩士論文）。國立暨南國際大學，南投縣。

張碧娟（1999）。**校長教學領導之理論與實施**。取自：http://www.edpl.tku.edu.tw/2-07.doc

張德銳、李俊達（2007）。教學行動研究及其對國小教師教學省思影響之研究。**臺北市立教育大學學報**，38(1)，33-66。

張慶勳（2001）。學習型學校組織文化與領導。**學校行政雙月刊**，14，29-41。

張慶勳（2006）。**學校組織文化與領導**。臺北市：五南出版。

張瓊元（2003）。**國際性學生閱讀能力評量之分析**（未出版之碩士論文）。國立暨南國際大學，南投縣。

張鑑如、劉惠美（2011）。親子共讀研究文獻回顧與展望。**教育心理學報**，43，315-336。

教育部（1948）。**民國37年小學課程標準**。臺北市：教育部。

教育部（1952a）。**民國41年國民學校課程標準**。臺北市：教育部。

教育部（1962）。**民國51年國民學校課程標準**。臺北市：教育部。

教育部（1993）。**民國82年國民小學課程標準**。臺北市：教育部。

教育部（1998a）。**國民教育階段九年一貫課程總綱綱要**。臺北市：教育部。

教育部（2000）。**全國兒童閱讀運動實施計畫**。臺北市：教育部。

教育部（2007）。**悅讀101── 教育部國民中小學提升閱讀計畫**。取自http://www.k12ea.gov.tw/ap/affair_view.aspx?sn=5384d3ed-208b-4a33-9641-ffdae6b76c4c&sid=17

教育部（2014）。**十二年國民基本教育課程綱要總綱**。臺北市：教育部。

梁滿修（2004）。**現代文學閱讀教學之研究**（未出版之碩士論文）。國立高雄師範大學，高雄市。

許淑芬（2007）。**臺北市國小教師實施閱讀教學現況之探討**（未出版之碩士論文）。臺北市立教育大學，臺北市。

許森凱（2012）。**新北市國民小學教育人員知覺家長參與學校教育事務與學校效能關係之研究**（未出版之碩士論文）。國立臺北教育大學，臺北市。

許麗鈞（2010）。**家庭閱讀環境、學校閱讀環境與國小一年**

級學童閱讀能力與閱讀動機之相關研究（未出版之碩士論文）。國立臺南大學，臺南市。

郭寶鶯（2009）。**導讀志工參與國小閱讀活動的研究──以臺北市永樂國小為例**（未出版之碩士論文）。國立臺東大學，臺東縣。

陳木金（2005）。創造專業與評鑑結合的教師進修文化。**師友**，461，12-16。

陳木金（2012）。從PISA閱讀評量的國際比較探討閱讀素養教育的方向。**教師天地**，181，4-15。

陳沛嵐、黃瑄穎（2017）。圖表閱讀教學對偏鄉國中生閱讀表現影響之研究。**教育研究月刊**，269，78-91。

陳宜彥（2015）。**閱讀教學的推手──以四位校長閱讀教學領導為例**（未出版之碩士論文）。國立東華大學，花蓮縣。

陳怡惠（2009）。**閱讀教學對兒童創造力的影響──以臺北市國小四年級為例**（未出版之碩士論文）。國立臺灣師範大學，臺北市。

陳美言（1998）。**國民小學校長教學領導與教師教學自我效能關係之研究**（未出版之碩士論文）。臺北市立師範學院，臺北市。

陳國生、莊佳樺（2017）。中小學校長專業化發展與支持──專訪教育部國教署署長邱乾國。**教育研究月刊**，276，4-11。

陳淑絹（1996）。由國民小學閱讀指導現況調查談閱讀策略教學的可行性。**國教輔導**，6(2)，36-43。

陳淑慧（2004）。**圖書館利用教育協同教學之研究──以臺北市立明湖國民中學為例**（未出版之碩士論文）。國立臺灣師範大學，臺北市。

陳鐵民（1991）。領導行為心理分析。臺北市：博遠出版。

陳鳳妹（2009）。國小教務主任課程領導之行動研究：以推動閱讀教學為例（未出版之碩士論文）。國立臺北教育大學，臺北市。

陳慧敏（2003）。國民小學教師之校長教學領導知覺與自我效能關係之研究（未出版之碩士論文）。國立屏東師範學院，屏東縣。

陳麗雲（2007）。世界各國閱讀實況分析——以「閱讀新一代知識革命」為例。取自http://163.20.156.8/ClassSystemv2/UploadDocument/167_%C5%AA%AA%BA%AD%AB%ADn.pdf

彭桂香（2000）。說故事人與說故事活動研究——以「東師實小故事媽媽團長為例」（未出版之碩士論文）。國立臺東師範學院，臺東縣。

彭聃齡、張必隱（2000）。認知心理學。臺北市：東華出版。

游舒婷（2010）。低收入家庭學前幼兒與主要照顧者親子共讀之研究：以臺北市為例（國科會補助專題研究計劃，編號：NSC98-2815-C-003-031-H）。臺北市：中華民國行政院國家科學委員會。

湯慧屏（2008）。學校營造閱讀特色之研究——以一所臺灣中南部國小為例（未出版之碩士論文）。國立嘉義大學，嘉義市。

黃光雄（編譯）（1989）。教育評鑑模式。臺北市：師大書苑。

黃同圳（2000）。績效評估與管理。臺北市：天下出版。

黃秀霞（2013）。公立高中校長教學領導、教師社群互動、學校創新氣氛與學校效能關係之研究（未出版之博士論

文）。國立高雄師範大學，高雄市。

黃玫溱、林巧敏（2009）。推動閱讀計劃之構想與建議。**圖書與資訊學刊**，1(3)，48-60。

黃思齊（2004）。**國中國文閱讀教學創新之研究**（未出版之碩士論文）。國立高雄師範大學，高雄市。

黃政傑（1987）。**課程評鑑**。臺北市：師大書苑。

黃瑞琴（1991）。**質的教育研究方法**。臺北市：心理出版。

黃詩貽（2012）。**跨組織合作推動國小學童閱讀教育之研究**（未出版之碩士論文）。南華大學，嘉義縣。

黃嘉雄（1999）。落實學校本課程發展的行政領導策略。**國民教育**，40(1)，29-34。

塗絲佳（2004）。**國中國文「閱讀」教學研究**（未出版之碩士論文）。國立高雄師範大學，高雄市。

楊士瑩（2011）。**屏東縣焦點小學推行閱讀教育策略之研究——以一所國小為例**（未出版之碩士論文）。國立屏東教育大學，屏東市。

楊振昇（1997）。教學領導理念之探討。**學校教育革新專輯**，235-263。

楊振昇（1999）。我國國小校長從事教學領導概況、困境及其因應策略之分析研究。**暨大學報**，3(1)，183-236。

楊振昇（2003）。教學領導與教師專業發展。**教育資料集刊**，28，287-318。

楊惠眞（2007）。從親子共讀中培養閱讀能力。**家庭教育雙月刊**，10，55-66。

楊菁菁（2010）。**國民小學實施閱讀教學現況、困境與因應策略之研究——以南部一所小學為例**（未出版之碩士論

文）。國立臺南大學,臺南市。

葉于瑄(2005)。**國民小學教師對學校願景認知、宣導與實踐之研究**(未出版之碩士論文)。輔仁大學,新北市。

葉川榮、謝佳蓁(2013)。淺談學校組織文化中校長與教師權責角色之關係——代理理論的觀點。**臺灣教育評論月刊**,2(10),80-87。

葉佳文(2007)。**臺灣地區公立高中校長教學領導、教師組織承諾與教師教學效能關係之研究**(未出版之碩士論文)。國立政治大學教育研究所,臺北市。

葉國輝(2006)。**一位校長領導學校建構學校本位特色課程之個案研究——以北市興華國小「深度閱讀」為例**(未出版之碩士論文)。國立臺北教育大學,臺北市。

廖倪妮(2004)。**臺北市國小教育資源分配情形之研究**(未出版之碩士論文)。國立臺北教育大學,臺北市。

甄曉蘭(2007)。偏遠國中教育機會不均等問題與相關教育政策初探。**教育研究集刊**,53(3),1-35。

賓靜蓀(2010)。走錯方向的語文教育。親子天下,19,126-135。

趙廣林(1996)。**國民小學校長教學領導之研究**(未出版之碩士論文)。國立屏東師範學院,屏東市。

劉唯玉(主編)(2010)。**教學案例與教師專業成長:摸索到創新——走出閱讀教學的迷霧**。國立東華大學,花蓮縣。

潘淑滿(2003)。**質性研究:理論與應用**。臺北市:心理出版。

潘慧玲、王麗雲、簡茂發、孫志麟、張素貞、張錫勳、陳順和、陳淑敏、蔡濱如(2004)。國民中小學教師教學專業

能力指標之發展。**教育研究資訊**，12(4)，129-168。

蔡金田（2009）。學校品牌建構與行銷管理之探究。**國民教育研究學報**，23，139-160。

蔡清田（2011）。**素養：課程改革的DNA**。臺北市：高等教育出版。

蔡清田（2013b）。**十二年國民基本教育的中小學課程核心素養與評鑑**。論文發表於2013年海峽兩岸中小學教育評鑑理論與實務學術研討會，嘉義市。

蔡進雄（2008）。教學領導與課程領導關係與整合之探析。**教育研究月刊**，167，93-103。

鄧麗娟（2011）。**花蓮縣國民小學推動閱讀活動之研究**（未出版之碩士論文）。國立東華大學，花蓮縣。

鄭玟玟（2015）。國小校長領導閱讀教學與學校創新經營之關係。**育達科大學報**，41，81-108。

鄭茂禎（2003）。E時代的閱讀與出版。**全國新書資訊月刊**，52，8-40。

鄭淵全、蔡雅茹（2012）。國小校長課程領導行為、教師教學信念、教師創新教學行為與國小學童創造力傾向關係之研究。**學校行政**，78，183-202。

蕭富元（2008），亞半球崛起，天下雜誌，398。

錢翹英（2004）。**探究創新教學法對國小五年級學童概念學習與科學閱讀態度的影響**（未出版之碩士論文）。國立臺北師範學院，臺北市。

閻自安（2002）。學校的人力資源發展與管理。**教育研究月刊**，98，123-136。

謝傳崇（2010）。國際卓越的校長領導：學習關鍵的領導行

為。**教育研究月刊**，191，28-38。

謝雋曄（2015）。淺談香港近年創新閱讀風氣。全國新書資訊月刊，204，23-26。

謝謹如（2009）。**國民中學學校危機管理模式指標建構之研究**（未出版之碩士論文）。國立高雄師範大學，高雄市。

藍美玉（2005）。**國小校長閱讀教學領導之研究：以青青國小為例**（未出版之碩士論文）。國立臺北教育大學，臺北市。

顏秀如、張明輝（2005）。學校創新經營的意涵與實施計畫。**中等教育**，56(3)，28-52。

英文部分

Abrams, E.R. (1998). Perceptions of successful elementary school principals of effective school leadership practices: A portrait of school leadership. *Dissertations Abstracts International, 59*(4), 10-13.

Alfonso, R J., Firth, G. R., & Neville, R. F. (1981). *Instructional supervision-behavior system.* Boston: Allyn & Bacon.

Amabile, T. M. (1997). Entrepreneurial creativity through motivational synergy. *Journal of Creative Behavior, 31*(1), 18-26.

Anderson, R. C., Wilson, P. T., & Fielding, L. G. (1988).Growth in reading and how children spend their time outside of school. *Reading Research Quarterly, 23*(3), 285-303.

Bankston, J. R. (1993). *Instructional leadership behaviors of a selected group of principals in Northeast Tex*as. Doctoral dissertation, East Texas State University.

Barbour, C., Barbour, N. H., & Scully, P A. (2010). *Forces afecting education in the twenty rst century*. Retrieved from http://www.education.com/referen ce/article/forces-affect-education-twenty-first-century

Bass, B. M. and Avolio, B. J. (1997). *Full range leadership development: Manual for the multifactor leadership questionnaire*, CA, Mind Garden.

Bateman, D., & Bateman, C. F. (2001). *A principal's guide to special education. Arlington,* VA: Council for Exceptional Children.

Bender, W. N. (1995). *Learning disabilities: characteristics, identification, and teaching strategies.* (2nd Eds.), Boston: Allyn & Bacon.

Bernhardt, R., Hedley, C.N., Cattaro, G. & Svolopoulous, V. (Eds.) (1998).*Curriculum leadership: Rethinking schools for the 21st century*. Cresskill, NJ:Hampton Press.

Berkowicz, J. and Myers, A.(2015). The Principal as Lead Reader. February 8,2015 Education Week's Blogs: Leadership 360. Retrieved from http://blogs.edweek.org/edweek/leadership_360/2015/02/the_principal_as_lead_reader.html?cmp=SOC-EDIT-FB

Blase, J., & Blase J. (2000). Effective instructional leadership: Teachers' perspectives on how principals promote teaching and learning in schools. *Journal of Educational Administration, 38*(2), 130-141.

Bolman, L. G., & Deal, T. E. (1995). *Leading with soul: An uncommon journey of spirit*. San Francisco: Jossey-Bass.

Bradley, L. (1985). *Curriculum leadership and development handbook*. Englewood Cliffs, N.J.: Prentice-Hall.

Bryman, A. (1992). *Charisma and leadership in organizations*. London: Sage Publications.

Bush-Rossnagel, N., &; Worman, B. (1985). *A comparison of educators' and providers' rankings of the important competencies for day care professional.Child Care Quarterly, 14*, 56-72.

Cavanaugh, R. F., & Dellar, G. B. (1998). *The development, maintenance and transformation of school culture*. Paper presented at the meeting of the American Educational Research Association, San Diego, CA.

Cawelti, G. (1987). *How effective instructional leaders get results*. Paper presented at the Annual Meeting of the American Association of school Administrators, New Orleans. (ERIC Document Reproduction Service No.ED328935)

Cheng, Y. C. (1994). Principal's Leadership as a Critical Factor for School Performance: Evidence from Multi-Levels of Primary Schools. *School Effectiveness and School Improvement, 5*(3), 299-317.

Coleman, J. S., Campbell, E. Q., Hobson, C. F., McPartland, J., Mood, A. M., Weifeld, F. D., & York, R. L. (1966). *Equality of educational opportunity*. Washington, DC: US Government Printing Office.

Cuban, L. (1986). Principaling: Images and roles. *The Peabody Journal of Education, 63*(1), 107-119.

Deal, T. E., & Peterson, K. D.(1994). *The leadership paradox: Balancing logic and artistry in school*. San Francisco: Jossey-Bass.

Delaney, J. T,& Huselid M.A. (1996).The impact of human resource management practices on perceptions of organizational performance. *Academy of management Journal, 39*(4), 949-969.

De Bevoise, W (1984), Synthesis of research on the principal as instructional leader. *Educational Leadership, 41*(5), 14-20.

Dimmock, C., & Lee, J.-C. (2000). Redesigning school-based curriculum leadership: *A cross-cultural perspective. Journal of Curriculum and Supervision, 15* (4), 332-358.

Duke, D. L. (1987). *School leadership and instructional improvement*. New York: Random House.

Dwyer, D.C., Lee, G. V., Rowan, B., & Bossert, S. T.(1983). *Five princgnals in action: Perspectives on instructional management*. San Francisco, CA ﹕ Far west Laboratory for Educational Research and Development.

Dwyer, D. C.(1986), Understanding the principal's contribution to instruction.*Peabody Journal of Education, 63*(1), 3-18.

Dyer, L. & Reeves, T. (1995).HR strategies and firm performance ﹕ What do we know and where do we need to go? *International Journal of Human Resource Management,* *6*(3),656-670.

Edmonds, R.R. (1979).Effectiveness schools for the urban poor. *Educational Leadership, 37*(1), 4-10.

Ervay, S. B. & Roach. C. S.(1996).*The curriculum leader: A comprehensive guide for the curriculum decision maker Emporia,* KS: The curriculum leadership Institute.

Firestone, W. A. & Harriott, R. (1982). Prescriptions for effective elementary schools don't fit secondary schools. *Educational Leadership, 40*(3), 51-53.

Fortschneider, J. R. (1996). *Principals perceptions of their roles in the implementation of essential school restructuring. [CD-ROM].* Abstract From: ProQuest File: Dissertation Abstracts Item: AAC 9702516.

Fullan, M. G. (1991). *The new meaning of educational change* (ed.). New York:Teachers College Press.

Fullan, M. G. (1992). Vision That Blind. *Educational Leadership.* *49*(5), 19-20.

Fullan, M. G. (2002). The change leader. *Educational Leadership, 59*(8), 16-20.

Gagne, E. D. (1985). *The cognitive psychology of school learning.* Boston: Little,Brown & Company.

Gambrell, L. B. (1996). Creating classroom cultures that foster reading motivation. *The Reading Teacher, 50* (1), 14-25.

Glatthorn, A. A.(1987). *Curriculum leadership. Glenview,* Illinois: Scott, Foresman and Company.

Glatthorn, A. A.(2000).*The principle as curriculum leader.* Thousand Oaks, CA: Corwin(1987) Curriculum Leadership New York: Harper Callins.

Hallinger, P., Murphy, J., Weil, M., Mesa, R. P. & Mitman, A. (1983).Identifying the specific practices, behavious for principals. *NASSP Bulletin, 67*(463), 83-91.

Hallinger, P. (1992). The evolving role of American principal: From managerial to instructional to transformational leaders. *Journal of Educational Administration, 30*(3), 35-48.

Hallinger, P., Bickman, L., & Davis, K.(1996). School context,principal leadership, and student reading achievement. *The Elementary school Journal*, 96(5), 527-549.

Huang Hsiu-Shuang & Richard Hanley J. (1995) Phonemic Awareness and visual skills in learning to read Chinese and English, *Bulletin of Special Education and Rehabilitation, 4*, 163-187.

Ibrahim, A. S. (1985). *Instructional leadership behaviors of high school principals, department heads and other administrative staff as perceived by teachers and principals.* [CD-ROM]. Abstracts from: ProQuest File: Dissertation Abstracts Item: AAT 8320806.

Keefe, J. W., & Jenkins, J. M. (Eds.). (1991). *Instructional leadership handbook.* Reston, VA: NASSP.

Kouzes, J., & Posner, B.(1995). *The leadership challenge.* San Francisco: Jossey-Bass.

Kotter, J. P. (1996). *Leading change.* Boston, MA: Harvard

Business School Press.

Kramer, R. M.(1987). *Voluntary Agencies and the Personal Social Services*, in W.W.Powell(ed), New Haven: Yale University Press, 240-257.

Kral, C. C.(2012). *Principal support for literacy coaching.* (Eric Document Reporduction Service NO.ED530296)

Lunenburg, F. C., & Ornstein, A. C.(2000). *Educational administration: Concepts and practices* (3rd ed.). Belmont, CA: Wadsworth.

Macmillan, R. B.(2000). Leadership succession, cultures of teaching and educational change. In N. Bascia & A. Hargreaves(eds.). *The sharp edge of educational change: Teaching , leading and the realities of reform*(pp.52-71). New York: outledgeFalmer.

McEwan, E. K.(1998). *Seven steps to effective instructional leadership*. Thousand Oaks CA: Corwin Press.

Margaret. A. R.(1989). *Reading problems.:Assessment and teaching strategies*. New Jersey: Prentice-Hall.

Mcevoy, B.(1987).Everyday acts:How principal influence development of their staffs. *Educational Leadership, 44*(5), 73-77.

Morris, V. C., & Crowson, R. L.(1984). *Principals in action: The reality of managing schools. Columbus*, OH : Bell & Howell Company.

Muijs, D. Harris, A., Lumby, J., Morrison, M., & sood, k. (2006). Leadership and development in highly effective further education providers. Is there a relationship? *Journal o Further and Higher Education, 30* (1), 87-106.

Mullis, I. V. S., Martin, M. O., Kennedy, A. M. & Pierre, F. (2007). *PIRLS 2006Intern ational Report: IEA's Progress in International Reading Literacy Study in Primary Schools in 40 Countries. TIMSS & PIRLS, International Study Center,Chestnut Hill*, MA: Boston College.

Murphy, J. (1990). *Principal instructional leadership, In R. W. Thurston & L. S.* Lotto(Eds.), *Advances in Educational Administration(vol. 1, pp.163-200).* London: JAI Press LTD.

Murphy, J., Hallinger, P., & Mesa, R. P.(1985). School effectiveness: Checking progress and assumptions and developing a role for state and federal government. *Teachers College Record, 86*(4), 615-641.

Murphy, J.(1990). Principal instructional leadership. In, P. W. Thurston & L. S. Lotto(Eds), *Advances in educational administration*, (vol. 1, Part B: Changing Perspectives on the School, pp.163-200). London: JAI Press.

Nagy, A.(1997). Change in the reading culture in Hungary; Absolute deterioration, relative improvement. *Journal of Adolescent & Adult Literacy. 40*(7), 574-578.

Nanus, B.(1992). Visionary leadership: *Creating a compelling sense of direction for your organization.* San Francisco, CA: Jossey-Bass.

OECD(2010). *PISA 2009 Results: What Students Know and Can Do. Student Performance in Reading, Mathematics and*

Science. OECD Publishing.

Oliva, P. F.(1997). *Developing the curriculum* (4th ed.). New York: Longman.

Organization for Economic Co-operation and Development. (2005).*The definition and selection of key competencies.* Paris, France: Author.

Organisation for Economic Co-operation and Development. (2013). *PISA 2012 Assessment and analytical framework: Mathematics, reading, science, problem solving and nancial literacy.* Paris, France.: Author.

Ornstein, A. C. (1995). *Curriculum, instruction, and supervision: Their relationship and the role of the principal.* In A. C. Ornstein & L. S. Behar, (eds.), Contemporary issues in curriculum (pp.281-287). Boston: Allyn and Bacon.

Pantelides, J. R. (1991). *An exploration of the relationship between specific instructional leadership behaviors of elementary principal and student achievement. Unpublished,* Doctoral Dissertation, Virginia Polytechnic Institute and State University, Virginia.

Patton, M. Q. (1990). *Qualitative evaluation and research methods.* Newbury Park, CA: Sage.

Pink, D. H (2006). *A whole new mind moving from the information age to the conceptual age* (P. Ja, Trans.), Taipei, Taiwan: Locus. (Original work published 2005)

Pont, B.,Nusche, D., & Moorman. H.(2008) *Improving school leadership. Volume 1: Policy and practice.* Paris, France: OECD.

Portin, B. (2004). The roles that principles play. *Educational Leadership, 61,* 14-18.

Robbins, S. P. (1998), *Organisational Behaviour: Leading and Managing in Australia and New Zealand,* NJ: Prentice Hall.

Sabo, L.(1992). The role of the principal in curriculum implementation. Unpublished Masters' Thesis. *Department of Educational Administration.* University of Alberta, Edmonton.

Sashkin, M.(1990) *The visionary leader: Leadership behavior questionnaire* (3rd ed.). King of Prussia PA: Organization Design and Development.

Schein, E.H(2004) *Organizational culture and leadership*(3rd ed.). San Francisco, CA: Jossey-Bass.

Senge, P. (1990). *The fifth discipline: The art and practice of the learning organization.* New York: Doubleday.

Senge P. (2006). *The fifth discipline: The art and practice of learning.* New York, NY: Currency Doubleday.

Sergiovanni, T. J.(1990). *Value added leadership*: *How to get extraordinary Performance in schools.*Sanm Dieg, CA: Harcourt, Brace, Jovanovich.

Sheppard, L. B.(1993). *A study of the relationship among instructional leadership behavior of the school principal and selected school-level characteristics.* Doctoral dissertation, University of Ottawa, Canada.

Slattery. P. (1995).*Curriculum development in the postmodern era New York,* NY: Garland.

Smith, F.(1994). *Understanding reading: A Psycholinguistic*

216

  Analysis of Reading And Learning to Read. New York, NY: Lawrence Erlbaum.

Smith, W. F., & Andrews, R. L. (1989). *Instructional leadership: How principals make a difference*. Virginia : the Association for Supervision and Curriculum Development.

Stufflebeam, D. L., Foley, W. J., Gephart, W. J., Guba, E. G., Hammond, R. L., Merriman, H. O. et al.(1971). *Educational Evaluation and decision making*. Itasca, IL: Peacock.

Taylor, S. J., & Bogdan, R.(1984). *Introduction to qualitative research methods*. New York: John Wiley & Sons.

UNESCO (1996). *Learning: The treasure within*. Paris: Author.

Weber, J. R.(1987). *Instructional leadership: Contexts and Challenges*.(ERIC Document Reproduction Service No. ED288261)

Woles, K., & Lovell, J.T.(1975). *Supervision for better schools* (4thed.). New Jersey: prentice Hall.

Yin, R. K.(1994). *Case study research: Design and methods* (2nd ed.). Thousand Oaks, CA: Sage.

Yukl, G.(2002). *Leadership in organizations* (5th ed.). Upper Saddle River, NJ: Prentice Hall.

Yuki, G., & Lepsinger, R.(2004). *Flexibe leadership: Creatin gvalue by balancing multiple challenges and choices*. San Francisco, CA: Jossey-Bass.

國家圖書館出版品預行編目資料

閱讀教學領導：讓閱讀成為孩子飛翔的翅膀
／吳惠花著. -- 初版. -- 臺北市：五南，
2019.05
　面；　公分
　ISBN 978-957-763-352-1（平裝）

1.校長　2.領導　3.閱讀指導

526.42　　　　　　　　　108003904

4I03

閱讀教學領導：讓閱讀成為孩子飛翔的翅膀

作　　　者 ─ 吳惠花（64.4）

發 行 人 ─ 楊榮川

總 經 理 ─ 楊士清

副總編輯 ─ 黃文瓊

責任編輯 ─ 吳雨潔

封面設計 ─ 王麗娟

美術設計 ─ 吳佳臻

出 版 者 ─ 五南圖書出版股份有限公司

地　　　址：106台北市大安區和平東路二段339號4樓

電　　　話：(02)2705-5066　　傳　　真：(02)2706-6100

網　　　址：http://www.wunan.com.tw

電子郵件：wunan@wunan.com.tw

劃撥帳號：01068953

戶　　　名：五南圖書出版股份有限公司

法律顧問　林勝安律師事務所　林勝安律師

出版日期　2019年5月初版一刷

定　　　價　新臺幣320元